Ganzheitlich gesund

Tom Williams

WAS DAS QI
ZUM FLIESSEN BRINGT
Grundlagen und Methoden der
Traditionellen Chinesischen Medizin

W0190790

Tom Williams

Was das Qi zum Fließen bringt

Grundlagen und Methoden der
Traditionellen Chinesischen Medizin

AURUM VERLAG · BRAUNSCHWEIG

Das englische Original erschien 1995 unter dem Titel „Chinese Medicine. Acupuncture, Herbal Remedies, Nutrition, Qigong, and Meditation for Total Health" im Verlag Element Books Ltd., Shaftesbury, Dorset.

Ins Deutsche übersetzt von Martin Engelbrecht
Titelillustration: Andrea Heissenberg

Die Deutsche Bibliothek – CIP-Einheitsaufnahme

Williams, Tom:
Was das Qi zum Fließen bringt: Grundlagen und Methoden der Traditionellen Chinesischen Medizin / Tom Williams [Ins Dt. übers. von Martin Engelbrecht].
Braunschweig: Aurum-Verl., 1996
(Ganzheitlich gesund)
Einheitssacht.: Chinese medicine <dt.>
ISBN 3-591-08382-8

1996
ISBN 3-591-08382-8
© 1995 Tom Williams
© der deutschen Ausgabe Aurum Verlag GmbH, Braunschweig
Gesamtherstellung: Westermann Druck Zwickau GmbH

INHALT

VORWORT

Die chinesische Medizin hält für die westliche Medizin im besonderen und für die Menschen auf dieser Seite des Globus im allgemeinen große Dinge bereit, und zwar sowohl als Philosophie wie auch als praktische Methode zur Heilung von Krankheiten. Erstens arbeitet die chinesische Medizin auf der Basis der Erkenntnis, daß Krankheit als Folge einer Störung im emotionalen und im geistigen Körper des Menschen entsteht. Zweitens besteht die Philosophie der chinesischen Medizin darauf, daß Heilung ein Vorgang ist, der den ganzen Körper betrifft – das heißt, egal wo sich im physischen Körper eine Krankheit entwickelt hat, der gesamte Körper wird als krank betrachtet. Die Medizin des Westens geht nach wie vor davon aus, daß eine Krankheit in einem Körper eine isolierbare Größe darstellt. Deshalb kann man in unseren Krankenhäusern oft Bemerkungen hören wie: „Der Krebs befindet sich in diesem oder jenem Organ." Die chinesische Wahrnehmung ist schärfer. Wenn sich eine Krankheit entwickelt, kommt es nicht darauf an, was für eine und wo sie lokalisiert ist. Es ist eine Tatsache, daß der Körper als Ganzes erkrankt ist.

Die chinesische Medizin besitzt ein tiefgründiges und umfassendes Verständnis davon, was es heißt, ein denkendes und fühlendes menschliches Wesen zu sein. Die Sprache, die benutzt wird, um sowohl die Menschen als auch die Krankheiten zu beschreiben, bewegt sich zwar oft im Bereich der Symbole, ist aber dennoch unglaublich treffend. Ein Beispiel: Nach Auffassung der chinesischen

Medizin bestehen wir aus Erde, Wind (Holz), Feuer, Wasser und Metall. Übersetzt in die Praxis bedeutet das, daß Menschen mit zu großem Wasseranteil zu Depressionen neigen und zu anderen Krankheiten, die aus einem falsch verwalteten Wasserhaushalt resultieren. Übermäßiges Feuer in einem Menschen ist die Ursache für ein hitziges Temperament. Die Krankheiten, die durch zu starkes Feuer verursacht werden, fühlen sich selbst wie Feuer an. Migräne, Nervenstörungen, rheumatische Arthritis, das alles sind feurige Krankheiten. Ein Ungleichgewicht, das durch Feuer verursacht wird, wird mit Wasser-Heilmitteln behandelt, denn das Feuer muß gekühlt werden. Übermäßig viel Holz und zu wenig Erde ergeben eine Persönlichkeit mit übersprudelnden Ideen und einem Mangel an Geduld, um diese Ideen auch in die Tat umzusetzen. Bei einem Menschen mit übermäßigem Holzanteil zeigen sich Ungeduld und Nervosität. Erd-Heilmittel tragen dazu bei, diese Person zu erden.

Dieses Buch erscheint zum richtigen Zeitpunkt. Die westliche Welt zeigt eine außerordentliche Bereitschaft, ihrem eigenen technisch-medizinischen Wissen die Weisheit zur Seite zu stellen, die aus der Arbeit mit dem Geist des Menschen heraus den Körper heilen will.

Caroline M. Myss, MA.,
Mitautorin des Buches
Creation of Health

DANKSAGUNG

Viele Menschen, ohne die ich niemals den Mut gefunden hätte, dieses Buch zu schreiben, verdienen es, hier genannt zu werden. An erster Stelle stehen die, die mich in chinesischer Medizin unterrichtet haben. Sie waren weitaus mehr als Vermittler von Information, und mittlerweile sind sie eher Weggefährten auf der gleichen Reise. Hugh McPherson, Richard Blackwell, Nick Haines, Charlie Buck und Han Liping danke ich dafür, daß sie mir die Gabe der chinesischen Medizin überbrachten. An zweiter Stelle kommen all die Freunde, die mir halfen, an mich selbst zu glauben und mit denen ich einige der Einsichten in die chinesische Medizin teilen konnte. Gabrielle McGuire wies die Realität der Qi-Energie nach; Gillian Kamming war in so vielen Fällen mein wichtigstes „Ohr"; dank George Docherty habe ich gelacht bis zum Umfallen. Ihnen allen und noch vielen anderen, die ich nicht genannt habe: Danke. Ein aufrichtiges Dankeschön an alle meine Patienten und Studenten in Vergangenheit, Gegenwart und Zukunft. Von euch allen habe ich viel gelernt.

Besonderen Dank schulde ich Caroline Myss. Sie ist nicht nur eine wundervolle Lehrerin, sondern auch eine der inspirierendsten und visionärsten Gestalten, die es auf dem Gebiet der energetischen Medizin derzeit in der Welt gibt. Vielleicht wird Carolines Beitrag in seiner vollen Tragweite erst erfaßt werden, wenn wir alle schon lange nicht mehr am Leben sind, aber ihre Freundschaft, ihr Wissen, ihre Ermutigung und ihre Professionalität waren mir eine stete Quelle der Inspiration.

Zu guter Letzt geht meine Liebe und mein Dank natürlich an meine Familie: Mary, Emma, Jennifer und Neil – eure Geduld und euer Verständnis ist grenzenlos. Ich widme dieses Buch meiner Frau Mary. Man wird kaum einen Menschen finden, der ein besseres Beispiel für wahre gesundmachende Energie ist – im persönlichen wie im beruflichen Bereich.

EINFÜHRUNG

Die chinesische Medizin ist ein System von Diagnose-
und Gesundheitsvorsorgetechniken, die sich im Laufe
der vergangenen dreitausend Jahre entwickelt haben.
Das chinesische Verständnis des menschlichen Körpers
ist einzigartig. Es beruht auf der holistischen Sichtweise
des Universums, wie sie im Taoismus zum Ausdruck
kommt. Vor diesem Hintergrund hat sich ein äußerst
anspruchsvolles Sortiment von Verfahren entwickelt, um
Krankheiten zu heilen und Gesundheit und Wohlbefinden aufrechtzuerhalten. Diese Verfahren – zu denen
Akupunktur, Heilkräuter, Ernährung, Meditation sowie
statische und dynamische Körperübungen gehören –
scheinen sich in ihrer Vorgehensweise stark voneinander
zu unterscheiden, und dennoch bauen sie alle auf dem
gleichen Kreis von Annahmen und Einsichten über die
Natur des menschlichen Körpers und seinen Platz im
Universum auf.

Heilverfahren, die ihren Ursprung außerhalb des im
Westen anerkannten wissenschaftlichen Denkens haben,
erfreuen sich seit etwa zwanzig Jahren ständig wachsen-
der Beliebtheit. Dazu gehören auch die aus der chinesischen Medizin stammenden Verfahren wie Akupunktur,
Akupressur, Qigong und Tai Chi, Moxibustion, Kräuter-
behandlungen und Ernährung. Die heilsame Wirkung
dieser Therapieformen wird nicht nur von den Patienten
bestätigt, die sie am eigenen Leib erfahren haben, sondern
in zunehmendem Maße auch von der ursprünglich sehr
skeptischen westlichen Medizinerschaft.

Ungeachtet dieses therapeutischen Nutzens ist es wahrscheinlich und verständlich, daß sich Patienten an irgendeinem Punkt der Prozedur die Frage stellen, wie und warum das alles funktioniert. Auf den ersten Blick zeugt es ja nur von gesundem Menschenverstand, sich zu fragen, warum das Einstechen feiner Nadeln an diversen Punkten des Körpers, die in den meisten Fällen in keinerlei Beziehung zu dem anstehenden Problem stehen, eine derart dramatische Wirkung haben soll. Jeder Patient, von dem verlangt wird, eine Kräutermischung zu schlucken, die dem Gebräu der Hexen aus Macbeth zur Ehre gereicht hätte, muß sich die Frage stellen, was hier eigentlich vorgeht. Hunderte und Aberhunderte von Menschen, die die chinesischen „sanften Übungen" – Tai Chi, Qigong etc. – praktizieren und ihre positive Wirkung erleben, stellen sich mit der Zeit die Frage, in welcher Weise sich diese Übungen von westlicher Gymnastik im Aerobic-Stil unterscheiden. Und doch erweist sich in all diesen Fällen die Wirksamkeit in Form der Besserung von Krankheitssymptomen, zunehmender Gesundheit und wachsendem Wohlbefinden und, oft genug, in einer ganz allgemein ausgewogeneren Art, mit dem Leben umzugehen.

Dieses Buch versucht, Antworten auf folgende Fragen zu geben:

- Was ist das für ein Wissenssystem, das fast dreitausend Jahre lang in China verborgen war und nun in der ganzen westlichen Welt eine derartige Wirkung entfaltet?
- Wie unterscheidet sich das chinesische System von der uns im Westen nur allzu vertrauten Denkweise?
- Wie kann ein Arzt dieses Wissenssystem umfassend nutzen, um die Probleme eines Patienten zu verstehen und eine angemessene Behandlung zu planen?

- Welche Lehren hält das chinesische System für den Westen am Ende des Jahrtausends bereit?

Ein historischer Überblick

Es lohnt sich, etwas Zeit mit der Betrachtung des Wachstums und der Entwicklung der chinesischen Medizin über die Jahrhunderte hinweg zu verbringen. Auf diese Weise bekommen die Erörterungen in diesem Buch einen zusammenhängenden Hintergrund.

Bereits aus der Shang-Dynastie (ca. 1000 v. Chr.) gibt es Belege für relativ hoch entwickelte Verfahren im Umgang mit medizinischen Problemen. Archäologische Ausgrabungen haben frühe Typen von Akupunkturnadeln zu Tage gefördert. Außerdem fand man auf Knochen eingeritzte Diskussionen von Krankheitsbildern.

Angesichts der chinesischen Betonung der Gleichgewicht schaffenden und steuernden Kräfte der Natur ist es wahrscheinlich, daß sich diese Verfahren im Rahmen von Naturbeobachtungen entwickelt haben. Viele der anmutigen Stellungen in Tai Chi und Qigong beziehen sich ebenfalls auf die Beobachtung tierischer Verhaltensweisen. Ein Beispiel: Die verschiedenartigen Bewegungen von Wildgänsen bilden die Grundlage des Dayan Qigong, das die Bewegungen auf den Menschen überträgt und eine Beziehung zu den Akupunkturpunkten und dem energetischen Körper herstellt. Es gibt eindeutige Belege dafür, daß in der frühen asiatischen Zivilisation eine schamanistische Kultur existierte. Viele der schamanistischen Verfahren sollen am Beginn der chinesischen Medizin gestanden haben. Ab dem sechsten Jahrhundert vor Christus ist die Verbindung zwischen Schamane und Arzt eindeutig. Konfuzius wird mit der Bemerkung zitiert: „Ein Mensch der nicht beständig ist, der ist nicht geeignet, um Zauber oder Heilkunst (also Schamanismus oder Medizin, A.d.Ü.) zu betreiben."[1] Akupunktur und Massagetechniken entwickelten sich aus der Praxis, nämlich über die Beobachtung ihrer Wirkung auf bestimmte Körperteile und besondere Leiden. Bevor man andere Werkzeuge entwickelte, wurde die Akupunktur mit angespitzten Knochensplittern betrieben. Um das erste Jahrhundert n. Chr. war der erste und wichtigste Klassiker der chinesischen Medizin vollendet. Das Werk, das vermutlich im Verlauf mehrerer Jahrhunderte von verschiedenen Autoren zusammengestellt worden war, hat die Form eines Dialogs über das Thema Medizin zwischen dem legendären gelben Kaiser und seinem Minister Qi Bo. Dieses Buch ist bekannt unter dem Namen „Der innere Klassiker". Es behandelt in einem ersten Abschnitt Theorie und Philosophie der chinesischen Medizin (die „elementaren Fragen") und verbreitet sich im zweiten Abschnitt (die „geistige Achse") über den therapeutischen Nutzen von Akupunktur, Kräutern, Diät und körperlichen Übungen.[2] Während der folgenden Jahrhunderte wurden diese grundlegenden Klassiker erweitert, und es erschienen spezielle Werke über Akupunktur, z.b. der „systematische Klassiker der Akupunktur"[3], oder zum Thema Heilkräuter das „klassische Arzneibuch des göttlichen Ehemanns"[4] über die „Materia Medica". Bis ins zwanzigste Jahrhundert hinein spiegelte vieles in der Praxis der chinesischen Medizin die Traditionen wider, die sich in den vorangegangenen dreitausend Jahren entwickelt hatten.

Aber auch die westliche Kultur blieb nicht ohne Einfluß auf China, vorangetrieben von der kolonialistischen Expansionspolitik. Die erste Reaktion darauf war allerdings, daß die traditionelleren alten Theorien, die auf dem

Yin und Yang-Prinzip und auf den Fünf Elementen aufbauten, unter der Wucht des westlichen wissenschaftlichen Determinismus zurückwichen. 1949, als die Kommunisten die Macht in China übernahmen, stand man vor einem echtes Dilemma bezüglich der Frage, wie am besten mit der offensichtlichen Kluft zwischen den westlichen medizinischen Praktiken und denen der traditionellen Ärzte umzugehen sei.

Im Jahre 1954 erkannte die Regierung die traditionellen Ärzte offiziell als Repräsentanten eines „medizinischen Erbes des Mutterlandes" an. Das war der Beginn eines scheinbar zweigleisigen Vorgehens und der parallelen Entwicklung westlicher und chinesischer medizinischer Verfahren.

Ein Prozeß wurde in Gang gesetzt, der die verschiedenen Praktiken der Jahrhunderte zu einem erkennbar modernen Lehrplan der chinesischen Medizin zusammenfügte. Ein guter Teil dieses Prozesses wurde von der Ideologie und den Dogmen der Kulturrevolution getrübt. Dennoch kam unter dem Überbegriff „Traditionelle Chinesische Medizin" ein zusammenhängendes Wissensgebäude zum Vorschein. Um Diskussionen darüber zu vermeiden, was nun eigentlich traditionell ist und was nicht, werden wir einfach davon ausgehen, daß das, was hier beschrieben wird, chinesische Medizin ist.

Während die Texte der großen Ausbildungszentren in China übersetzt und dem Westen zugänglich gemacht wurden, unternahm man im Westen den Versuch, die Ideen, Prinzipien und Verfahren für westliche Leser aufzubereiten. Viele Ärzte aus dem Westen haben äußerst wertvolle Lehrbücher für abendländische Studenten der chinesischen Medizin verfaßt. Andere Autoren haben sich darum bemüht, diese Gedanken einem breiteren Publikum nahezubringen. Mein kleines Buch schließt sich diesem Trend an. Es will Ideen, Prinzipien und Praktiken der chinesichen Medizin einem Publikum von interessierten Laien zugänglich zu machen.

Ein Blick in die Zukunft

Natürlich ist es notwendig, einen Blick in die Vergangenheit zu werfen, um die Ursprünge der chinesischen Medizin und ihre Verflochtenheit mit dem alten philosophischen Denken zu begreifen. Dieses Buch soll jedoch in erster Linie Menschen dabei helfen, die chinesische Medizin im Rahmen der heutigen westlichen Industriewelt zu verstehen, und es soll beschreiben, welchen Platz sie mit Fug und Recht in der Gesundheitsvorsorge des einundzwanzigsten Jahrhunderts einnehmen kann.

Einer Herausforderung wird sich der in westlicher Medizin ausgebildete Arzt in Zukunft genauso stellen müssen wie jemand, der chinesische Medizin praktiziert: In zunehmendem Maße werden Patienten eine Erklärung über das „Wie" und „Warum" ihrer Behandlung erwarten. Das ist begrüßenswert. Dieses Buch will Patienten mit einem ausreichenden Grundwissen versehen und dafür sorgen, daß sie bei einem Gespräch mit ihrem Spezialisten für chinesische Medizin nicht mehr in Verwirrung geraten.

DIE GRUNDPRINZIPIEN
DER CHINESISCHEN MEDIZIN

Beim Gedanken an westliche medizinische Praktiken gehen wir von der berechtigten Annahme aus, daß sich die Fertigkeiten des Arztes auf eine wohlerforschte Wissenschaft gründen, deren Inhalt die Funktionen des Körpers und die im Verlauf einer Krankheit auftretenden Fehler in diesen Funktionen sind. Die medizinische Praxis, der der Patient begegnet, beruht auf soliden wissenschaftlichen Prinzipien.

Es ist aber genauso wichtig zu verstehen, daß die chinesische Medizin in ihrer Feinheit und Komplexität auf soliden philosophischen Prinzipien beruht, die zwar in aufsehenerregender Weise von denen des Westens abweichen, aber dennoch absolute Gültigkeit haben. Ohne diese Grundlagen wird das System, mit dessen Hilfe die Chinesen die Harmonien und Disharmonien des Körpers verstehen, wie Hokuspokus klingen, der eher Verwirrung stiften, als Erkenntnis schaffen soll.

Yin und Yang

Das Konzept von Yin und Yang ist ohne jede Frage das bedeutendste und grundlegendste Prinzip der chinesischen Medizin. Die dahinterstehenden Ideen entwickelten sich aus der Beobachtung aller Aspekte der physikalischen Welt. Dabei nahm man wahr, daß die Natur sich in Paare von auf einander bezogenen Gegensätzen anordnet. Ein paar Beispiele: Das Konzept „Nacht" verliert jede Bedeutung ohne das Konzept „Tag", das Konzept „oben" macht keinen Sinn ohne das Konzept „unten" und so weiter.

Das Symbol für Yin und Yang – das Taiji

Die Konsequenzen dieser offensichtlich einfachen Beobachtung führen uns in eine Richtung, die zur Aristotelischen Logik, der Grundlage westlich-wissenschaftlichen Denkens, in Widerspruch steht. Nehmen wir ein einfaches Beispiel. Im westlichen Denken ist ein Kreis ein Kreis und kein Quadrat. Betrachtet man die Sache jedoch aus der chinesischen Yin und Yang Perspektive, dann enthält ein Kreis in sich das Potential eines Quadrats und umgekehrt. Auf diese Weise lassen sich Unvereinbarkeiten vermeiden.

Yin und Yang werden durch das weltweit bekannte, aber in seiner Bedeutung kaum erfaßte Symbol (siehe oben) repräsentiert.

Die chinesische Betonung liegt mehr auf dem Aspekt des Prozesses als auf dem der Struktur. Dieses Thema wird im Verlauf unserer Erörterungen immer wieder auftauchen. In

Einklang damit ist es wichtig, folgende Idee zu begreifen: Yin und Yang sind im Grunde Beschreibungen der dynamischen Beziehungen, die die Basis für alle Aspekte des Universums bilden. Yin und Yang sollten also nicht als „Dinge" im westlichen Sinne des Wortes verstanden werden, sondern als ein System, um über die Welt nachzudenken.

Die chinesischen Schriftzeichen vermitteln einen Eindruck davon. Das Schriftzeichen für Yin bedeutet wörtlich übersetzt „die Schattenseite des Berges" und steht für Eigenschaften wie Kälte, Stille, Passivität, Dunkelheit, Innenseite, Möglichkeit und so weiter. Das Schriftzeichen für Yang läßt sich wörtlich als „die Sonnenseite des Berges" übersetzen und repräsentiert Qualitäten wie Wärme, Aktivität, Licht, Außenseite, Ausdruck und so fort.

Das Schriftzeichen für Yin

Das Schriftzeichen für Yang

Diese Art der Weltbetrachtung führt zu bestimmten grundlegenden Prinzipien, die mit Yin und Yang verflochten sind. Wenn wir sie im folgenden beschreiben, werden wir sehen, in welcher Weise sie zur chinesischen

Sicht des menschlichen Körpers und seines Funktionierens beitragen.

Alle Dinge im Universum enthalten
Yin-Aspekte und Yang-Aspekte
Aus der chinesischen Perspektive heraus gesprochen, verdanken alle Dinge ihre physikalische Existenz der Tatsache, daß sie samt und sonders sowohl Yin- als auch Yang-Qualitäten besitzen. Das relative Verhältnis von Yin und Yang ist jeweils unterschiedlich, aber es sind immer beide Aspekte vorhanden. Die Leber wird im allgemeinen als ein Yin-Organ betrachtet, denn sie ist relativ massiv. Sie hat aber auch die Funktion, den Qi-Fluß zu fördern (siehe zweites Kapitel), besitzt also in dieser Hinsicht eine Yang-Eigenschaft. Der Magen ist im Gegensatz dazu hohl und befördert Nahrung durch sich hindurch, also wird er dem Yang zugeordnet. Er hat aber auch eine gewisse Speicherfunktion, die den Yin-Aspekt repräsentiert. Alle diese Aspekte von Yin und Yang stehen in einem gegenseitigen Abhängigkeitsverhältnis.

Innerhalb von Yin und Yang lassen sich
weitere Yin- und Yang-Aspekte finden
Die Theorie besagt, das sich jedes Yin und jedes Yang unendlich weiter in Aspekte aufteilen läßt, die ihrerseits wieder aus Yin und Yang bestehen. Dampf wird zum Beispiel als Yang-Qualität des Wassers betrachtet, Eis als Yin-Qualität. Aber sowohl Wasser als auch Eis läßt sich unter dem Gesichtspunkt der Wassermoleküle betrachten, die selbst Yin-Teilchen haben (Protonen und Neutronen), die in Beziehung zu den Yang-Teilchen (Elektronen) stehen. Und es besteht kein Zweifel, daß bei einer Reise tiefer in die Quantenphysik hinein weitere Aspekte von Yin und Yang auftauchen würden. In der chinesischen Medizin

wird die Vorderseite des Körpers als Yin betrachtet und die Rückseite als Yang, aber der Oberteil der Vorderseite – der Brustkorb – wird als Yang angesehen, wenn er in bezug auf den unteren Teil – den Unterleib – betrachtet wird.

Yin verwandelt sich in Yang, und Yang verwandelt sich in Yin

Die gegenseitige Abhängigkeit von Yin und Yang verweist auf die dynamische Beziehung zwischen den beiden. Wandel ist die Wurzel aller Dinge, und dieser Wandel kommt zum Ausdruck in der Umwandlung von Yang zu Yin und umgekehrt. Werden Yin und Yang daran gehindert, über diesen wechselseitigen Transformationsprozeß in ein Gleichgewicht zu kommen, kann das katastrophale Folgen haben, wenn sich das Gleichgewicht letztendlich doch einstellt.

Ein Beispiel: Das effektive Funktionieren eines Autoreifens beruht auf dem Gleichgewicht zwischen dem Druck im Reifen und der Stärke des Mantels. Es wird sich immer irgendeine Form von Gleichgewicht einstellen. Ist der Druck jedoch zu niedrig, wird der Reifen seine Aufgabe nicht erfüllen. Und wenn er zu hoch ist, wird das Gleichgewicht wiederhergestellt, indem der Reifen platzt und Yin und Yang sich in Form einer Katastrophe ineinander umwandeln. Nehmen wir ein Beispiel aus der menschlichen Gesundheit: Leidet eine Person an Fieber, wird das in der chinesischen Medizin als relativer Yang-Überschuß betrachtet. Ziel der Behandlung wird demnach sein, die Umwandlung des Yang-Überschusses in Yin zu ermöglichen, um das Gleichgewicht und die biologische Homöostase wiederherzustellen. So wird das Fieber sinken, und die Temperatur wird allmählich wieder normal werden: Yang wandelt sich um in Yin. Es sei angemerkt, daß die frühen Signale eines Fiebers als ein relativer Yin-Überschuß betrachtet werden – Frösteln und Kälte-Symptome. Wenn sich der Zustand weiterentwickelt, verwandelt sich das Yin in Yang, und das Fieber kommt auf.

Die chinesische Medizin betrachtet den Körper unter den Gesichtspunkten von Yin und Yang. Der gesunde Zustand zeichnet sich durch ein dynamisches Gleichgewicht von Yin und Yang aus. Dementsprechend ist ein ungesunder Zustand durch ein Ungleichgewicht zwischen den Yin- und den Yang-Anteilen des Körpers gekennzeichnet.

Im Grunde genommen lassen sich alle Disharmonien im Körper auf eine relative Ungleichverteilung von Yin und Yang zurückführen (siehe Abbildung Seite 23): a) illustriert einen tatsächlichen Überschuß an Yin und hat als Kennzeichen Symptome extremer Kälte; b) zeigt einen tatsächlichen Yang-Überschuß, der an Symptomen starker Hitze zu erkennen ist; c) zeigt ein relatives Yin-Defizit, das sich durch innere Hitze und Zeichen von Lethargie auszeichnet; d) gibt ein relatives Yang-Defizit wieder und ist charakterisiert durch einen allgemeinen Kälte-Zustand und Lethargie-Symptome; e) repräsentiert den ideal ausbalancierten Zustand eines gesunden Organismus, bei dem sich Yin und Yang in einem dynamischen Gleichgewicht befinden.

Diese Muster werden wir später ausführlicher erörtern. Im Augenblick dienen sie dazu, die Bedeutung von Yin und Yang für das Verständnis der Prozesse im Körper zu illustrieren.

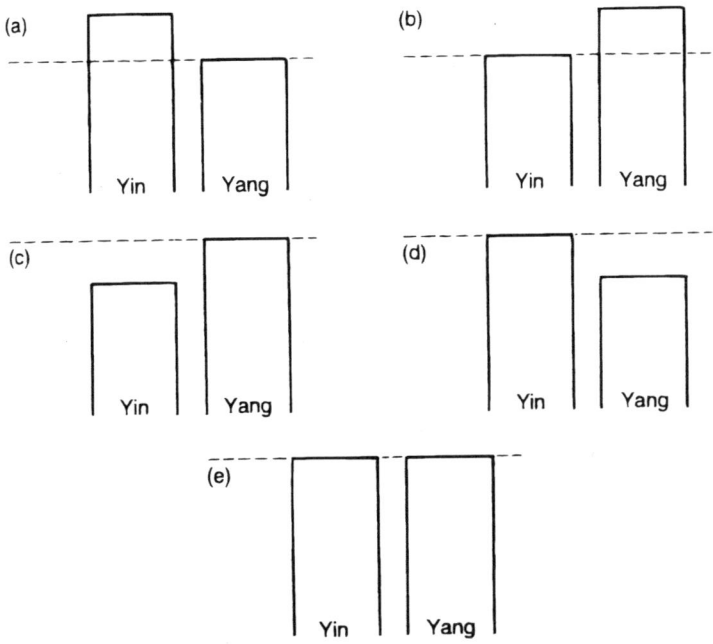

Yin und Yang – Harmonie oder Disharmonie?

Die Fünf Elemente

Die Ursprünge des gesamten chinesischen Denkens im allgemeinen und der chinesischen Medizin im besonderen liegen in den Lehren des Taoismus (gelegentlich auch „Daoismus" geschrieben). Der Taoismus baut einen großen Teil seines Denkens auf der Beobachtung der natürlichen Welt und ihrer Wirkungsweisen auf. In der chinesischen Medizin führt das dazu, daß der menschliche Körper in einer metaphorischen Weise betrachtet wird, die auf der Beobachtung der Austauschprozesse von Yin und Yang in der Natur basiert. Die Chinesen machten die Beobachtung, daß dynamische Umwandlung etwas allgegenwärtiges ist. Die Saat (Yin) wächst zur Pflanze heran (Yang), die ihrerseits stirbt und zu Erde zerfällt (Yin). Das alles findet im Verlauf des jahreszeitlichen Wechsels statt: Der Winter (Yin) verwandelt sich über den Frühling in den Sommer (Yang), der wiederum über den Herbst zum Winter wird. Daher ist es wenig überraschend, daß das medizinische System der Chinesen sich stark auf Naturmetaphern stützt. Am deutlichsten kommt das im System der „Fünf Elemente" oder „fünf Phasen" zum Ausdruck.

Die Fünf Elemente ergaben sich aus der Beobachtung verschiedener Gruppen dynamischer Prozesse, Funktionen und Eigenschaften, die in der Natur beobachtet wurden. Das sind:

1. **Wasser**: naß, kühl, absteigend, fließßend, nachgiebig etc.
2. **Feuer**: trocken, heiß, aufsteigend, bewegend etc.
3. **Holz**: wachsend, elastisch, verwurzelt, stark etc.
4. **Metall**: schneidend, hart, leitend etc.
5. **Erde**: ergiebig, fruchtbar, Potential für Wachstum etc.

Diese Charakterisierungen sind nur Beispiele dafür, wie man die Elemente sehen kann. Der springende Punkt dabei ist, daß sie alle Yin- und Yang-Aspekte enthalten und auf diese Weise das für das chinesische Denken so zentrale Grundprinzip der aufeinander bezogenen, im Austausch stehenden Dualität widerspiegeln.

Jedes Element wird als mit einer Reihe von Entsprechungen verknüpft angesehen, die im Bereich der Natur, aber auch im menschlichen Körper angesiedelt sind. Diese Entsprechungen lassen sich wie in der folgenden Tabelle gezeigt zusammenfassen.

Die chinesische Medizin benutzt ein System von Verknüpfungen, mit dessen Hilfe ein Zugang zu den Prozessen

	Holz	Feuer	Erde	Metall	Wasser
Jahreszeiten:	Frühling	Sommer	Spätsommer	Herbst	Winter
Himmelsrichtung:	Osten	Süden	Zentrum	Westen	Norden
Klimaeinfluß:	Wind	Hitze	Feuchtigkeit	Trockenheit	Kälte
Farbe:	Blau/Grün	Rot	Gelb	Weiß	Blau/Schwarz
Geschmack:	Sauer	Bitter	Süß	Scharf	Salzig
Geruch:	Ranzig	Verbrannt	Wohlriechend	Verrottend	Faulig
Yin Organ (Zang):	Leber	Herz	Milz	Lungen	Nieren
Yang Organ (Fu):	Gallenblase	Dünndarm	Magen	Dickdarm	Blase
Öffnet sich auf:	Augen	Zunge	Mund	Nase	Ohren
Gewebe:	Sehnen	Adern	Muskeln	Haut	Knochen
Gefühl:	Angst	Freude	Ernst	Trauer	Furcht
Stimme:	Schreien	Lachen	Singen	Weinen	Stöhnen

Tabelle der Entsprechungen zu den Fünf Elementen

der gegenseitigen Förderung und Kontrolle im Körper gefunden wird. Diese Verknüpfungen sind im Sheng- und im Ke-Zyklus festgelegt.

Der Sheng-Zyklus – Kreislauf der gegenseitigen Hervorbringung oder Förderung

Dieser Kreislauf steht für die Art und Weise, in der die Elemente – und folglich auch das Organsystem des Körpers – sich gegenseitig unterstützen und fördern. So brennt beispielsweise Feuer, um Erde hervorzubringen, Wasser nährt das Wachstum von Holz und so weiter. Wenn die chinesische Medizin diesen Nährzyklus auf das Organsystem anwendet, entwickeln sich parallele Beziehungen:

• Das Herz nährt die Milz.
• Die Milz nährt die Lungen.
• Die Lungen nähren die Nieren.
• Die Nieren nähren die Leber.
• Die Leber nährt das Herz.

Dieser Nährzyklus wird manchmal als der „Mutter und Kind"-Zyklus bezeichnet. So sind beispielsweise die Nieren die „Mutter" für das „Kind" Leber. Ein gängiges Beispiel dafür: Bei einem zu niedrigen Nieren-Yin kommt es oft auch zu einem Defizit der Yin-Energie der Leber. In Begriffen der Therapie gedacht, kann die „Mutter" auch benutzt werden, um das „Kind" zu behandeln. Fehlt es also beispielsweise den Lungen an Energie, läßt sich dem abhelfen, indem die Milz gestärkt wird.

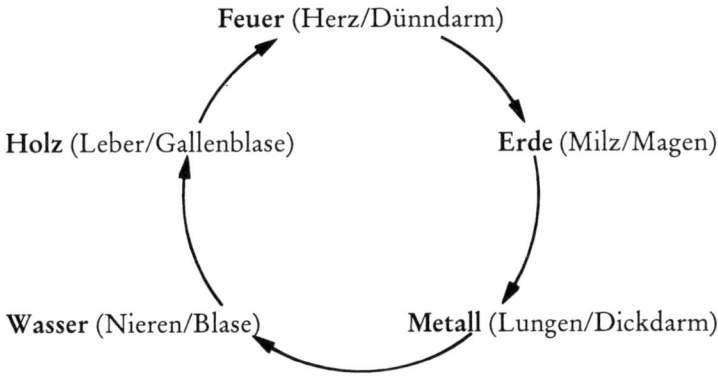

Der Sheng-Zyklus: Wie sich die Fünf Elemente gegenseitig fördern

Der Ke-Zyklus – Kreislauf der gegenseitigen Kontrolle
Dieses Beziehungsgeflecht spiegelt die Beobachtungen über die Kontrolle wider, die die Elemente im dynamischen Gleichgewichtsprozeß der Natur aufeinander ausüben.

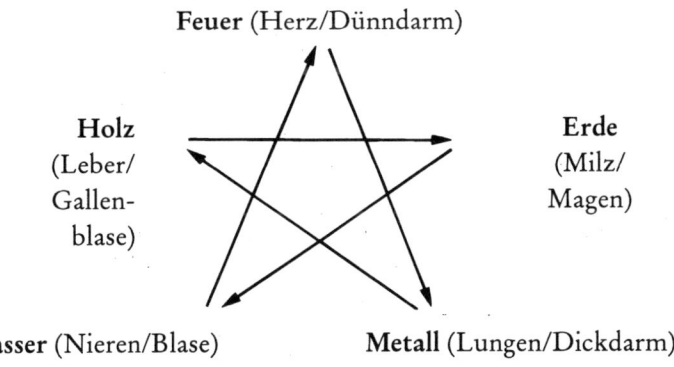

Der Ke-Zyklus: Wie sich die Fünf Elemente gegenseitig kontrollieren

So besteht beispielsweise eine „Kontrolle" des Feuers über das Metall in dem Sinne, daß Feuer Metall schmilzt. In ähnlicher Weise „kontrolliert" Wasser Feuer in dem Sinn, daß Wasser auf Feuer eine dämpfende Wirkung ausübt. In der Terminologie der chinesischen Medizin wird die Idee der Kontrolle als Teil der gegenseitigen Förderung der Organe betrachtet. Ein Beispiel: Die Lungen helfen, die Energie der Leber zu „kontrollieren" und tragen so zur reibungslosen Funktion der Leber bei. Bei einer auftretenden Disharmonie kann es sein, daß ein schwaches Organ nicht in der Lage ist, die notwendige Kontrolle und Förderung für ein anderes Organ auszuüben.

Ist zum Beispiel die Energie der Lungen schwach, kann die Leber-Energie die Tendenz entwickeln, der Kontrolle zu entgleiten und anzuwachsen. Das kann dann in Form von Problemen wie Kopfschmerzen und hohem Blutdruck sichtbar werden. Die Probleme könnten auch in der umgekehrten Richtung auftreten. Das wird als „Rebellion" gegen die natürliche Kontrollfunktion angesehen. Ist beispielsweise die Milz übermäßig feucht, kann das dazu führen, daß die Leber daran gehindert wird, den Energiefluß im Körper aufrechtzuerhalten.

Die kosmologische Sequenz

Die dritte Sequenz, die sich aus der Perspektive der Fünf Elemente ergibt, hat ihre Wurzeln nicht nur in der taoistischen Naturbetrachtung, sondern auch in der chinesischen Numerologie. Hier bildet das Element Wasser die Wurzel und nimmt damit die bedeutendste Stellung ein.

Die Tatsache, daß dem Element Wasser die Wurzelposition gegeben wird, weist auf die Bedeutung der Nieren in der chinesischen Medizin hin. Die Nieren gelten als

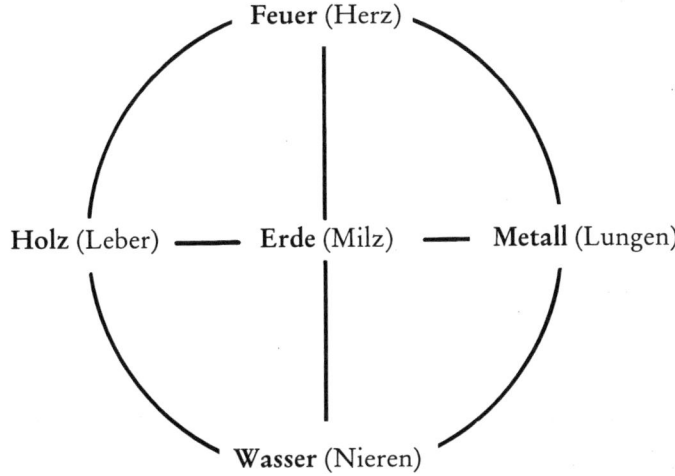

Die kosmologische Sequenz: So spiegeln die Fünf Elemente die chinesische Sicht des menschlichen Körpers wider.

Quelle der Yin- und Yang-Energie des Körpers und folglich aller anderen Organe. Die Milz im Zentrum wird als Ursprungsort des Qi im Körper betrachtet und steht damit im Mittelpunkt, was die Förderung aller anderen Organe betrifft.

Die Perspektive der Fünf Elemente ist wichtig, wenn man zeigen will, wie das medizinische System Chinas auf der taoistischen Philosophie von Gleichgewicht, Prozeß und Harmonie in der Natur aufgebaut ist. Manche Ärzte werden sich ihren Zugang zu den Schwierigkeiten eines Patienten aus der Perspektive der Fünf Elemente erarbeiten und ihre Behandlung dementsprechend aufbauen. Andere halten sich an die Grundperspektive von Yin und Yang und bilden sich ihr Urteil über die Probleme des Patienten gestützt auf die Konzepte von übermäßigen oder zu schwachen Energiemustern. Diese zuletztgenannte Sichtweise entspricht der gegenwärtig in China vorherrschenden Praxis. Sie bildet auch die Grundlage für dieses Buch. Leser, die mehr über die Perspektive der Fünf Elemente wissen wollen, sollten die Literaturhinweise studieren.

Zusammenfassung

Nun habe ich Ihnen einige grundlegende Ideen und Prinzipien vorgestellt, die hinter der chinesischen Medizin stehen. Der westliche Normalverbraucher kann diese Ideen nicht ohne Probleme in die Weltsicht einpassen, an die wir uns gewöhnt haben. Erlauben wir ihnen aber zu keimen und Frucht zu tragen, so wird sich das bezahlt machen. Die Perspektive des chinesischen Systems erlaubt einen in einzigartiger Weise holistischen und umfassenden Blick auf die Welt im allgemeinen und die Muster der Gesundheit im besonderen. Es ist wichtig, daß wir eines verstehen: Die Praxis der chinesischen Medizin – welche Form sie auch immer annehmen mag – hat eine Geschichte und basiert auf Prinzipien, die genauso reich und genauso streng sind, wie die, die unserer westlichen Gesellschaft so ans Herz gewachsen sind.

Verstehe ich Yin und Yang?

Den Inhalt dieser Übung sollten Sie nicht allzu ernst nehmen. Es geht darum zu sehen, ob Sie das Konzept von Yin und Yang erfaßt haben, da es für die chinesische Philosophie im allgemeinen und die chinesische Medizin im besonderen so wichtig ist.

Anschließend finden Sie eine Liste von fünfundzwanzig Gegenständen, Situationen, Ideen und so weiter. Entscheiden Sie für jeden Punkt, ob eher der Yin- oder eher der Yang-Aspekt vorherrscht. Im zweiten Schritt machen

Sie für jeden einzelnen Punkt einen Vorschlag, wie man den Aspekt in den entgegengesetzten umwandeln könnte. Wenn Sie also denken, der ursprünglich dominierende Aspekt sei Yin, überlegen Sie, wie man ihn in Yang umwandeln könnte, und so weiter.

Nehmen wir als Beispiel eine Tasse mit heißem Tee. Hier ist der vorherrschende Aspekt Yang. Lassen Sie die Tasse eine halbe Stunde lang stehen, so daß sie sich auf Raumtemperatur abkühlt, dann nimmt sie die vorherrschende Eigenschaft Yin an.

Vergessen Sie nicht, daß Yin und Yang in jeder Situation gleichzeitig existieren, es findet lediglich eine relative Gewichtsverlagerung in die eine oder andere Richtung statt. Außerdem stehen Yin und Yang permanent in einer Austauschbeziehung, und im Verlauf dieses Prozesses wird der eine Aspekt den anderen einschließen und sich in ihn umwandeln. Letztlich gibt es bei den Antworten in dieser Übung kein absolutes Richtig oder Falsch. Vergleichen Sie Ihre Antworten mit denen, die ich auf Seite 207 gebe, aber meinen Sie nicht, Sie müßten mit meiner Lösung in jedem Fall übereinstimmen.

Nun kommt die Liste mit fünfundzwanzig Beispielen. Entscheiden Sie in jedem Fall, ob Yin oder Yang dominiert und wie das eine in das andere umgewandelt werden könnte.

1. Ein Klassenzimmer voller Tumult.
2. Ein geparktes Auto.
3. Ein Eisblock.
4. Eine kolossale Migräne.
5. Ein unvollendetes Puzzle
6. Ein Golfer, der einen Putt machen will.
7. Ein plötzlicher Durchfall.
8. Ein startendes Flugzeug.

9. Ein Politiker, der eine Rede hält.
10. Ein hartgekochtes Ei.
11. Ein rohes Ei.
12. Eine CD von einer Heavy-Metal Band.
13. Eine Klaviersonate von Mozart,
    die gerade gespielt wird.
14. Ein Läufer am Ende eines Marathonlaufs.
15. Eine Münze.
16. Ein Schachspiel.
17. Ein Tüte mit Sorbet.
18. Ein Auto, dem das Benzin ausgegangen ist.
19. Ein Buch.
20. Ein Mensch, der gerade eine Tai Chi-Übung macht.
21. Ein Baby mit einer Kolik.
22. Ein heißer Sommertag.
23. Ein Gähnen.
24. Ein Video mit Aerobic-Übungen.
25. Ihre Gedankengänge im gegenwärtigen Augenblick.

DIE GRUNDSUBSTANZEN

Wie bereits betont, liegt der Schwerpunkt der gängigen westlichen Sicht des menschlichen Körpers auf den physischen Strukturen und Bestandteilen, die auf sehr subtile und komplexe Weise miteinander verbunden sind. Anatomie und Physiologie kartieren diese Strukturen, beginnend bei den größten – Knochen, Muskeln, Haut und so weiter – bis zu den kleinsten – die Zellen und ihre Bestandteile. Diese Karte der Strukturen bildet die Grundlage für das Ursache- und Wirkungsmodell, das die Praxis der westlichen Medizin beherrscht.

Das chinesische Modell ist ganz anders. Hier werden eher die Komponenten des Prozesses betrachtet als die der Struktur. Der menschliche Körper ist zuallererst ein Energiesystem, in dem verschiedene Substanzen zusammenwirken, um den physischen Organismus hervorzubringen. Diese Grundsubstanzen reichen vom materiellen bis zum immateriellen Bereich. Es sind Qi, Jing, Blut, die Körperflüssigkeiten und Shen.

Wir werden sie uns nacheinander ansehen. Es ist aber wichtig, im Gedächtnis zu behalten, daß keine als von den anderen isoliert betrachtet werden darf und daß das chinesische Modell davon ausgeht, daß sie in einer permanenten dynamischen Wechselbeziehung stehen. Wir werden jede Substanz unter folgenden Gesichtspunkten erörtern:

- Herkunft
- Arten
- Funktionen
- Disharmonien

Qi

Nichts ist für die chinesische Medizin fundamentaler als zu verstehen, was mit dem Konzept „Qi" gemeint ist. (Qi wird „Tschi" ausgesprochen und häufig „Chi" geschrieben.) Qi wurde abwechselnd als „Energie", als „Lebensenergie" oder als „Lebenskraft" übersetzt, doch es ist unmöglich, das Konzept mit einem deutschen Wort voll zu erfassen. Alles im Universum besteht aus Qi, es wird aber weder als ein grundlegendes Teilchen oder eine Substanz, noch als reine Energie aufgefaßt. Ted Kaptchuk ist ein anerkannter westlicher Praktiker der chinesischen Medizin, der viel für das westliche Publikum geschrieben hat. Vielleicht hat er am besten erfaßt, was das Qi ausmacht, wenn er es als „…Materie an der Grenzlinie zur Energie oder als Energie am Punkt der Materialisierung…" beschreibt[1]. Die Chinesen meinen: „Wenn das Qi sich sammelt, wird der physische Körper geformt; wenn das Qi sich zerstreut, stirbt der Körper." Letztlich zeugt es vielleicht von Weisheit, nicht ohne Ende darüber zu debattieren, was Qi ist. Man versucht besser, es zu verstehen, indem man seine Wirkungsweise wahrnimmt.

Herkunft und Arten des Qi

Das *ursprüngliche Qi (Yuan Qi)* ist auch unter den Namen *vorgeburtliches* oder *vorhimmlisches* Qi bekannt. Wir erben es von unseren Eltern im Moment der Empfängnis.

Es gibt zwei Hauptquellen des *nachgeburtlichen* oder *nachhimmlischen* Qi, die von dem Qi herrühren, das in unserer Welt existiert. *Gu Qi* stammt aus der Nahrung, die wir verzehren. Das zentrale Organ, das mit diesem Vorgang in Verbindung gebracht wird, ist die Milz. *Kong*

Qi stammt aus der Luft, die wir atmen. Das Hauptorgan für diesen Prozeß sind die Lungen.

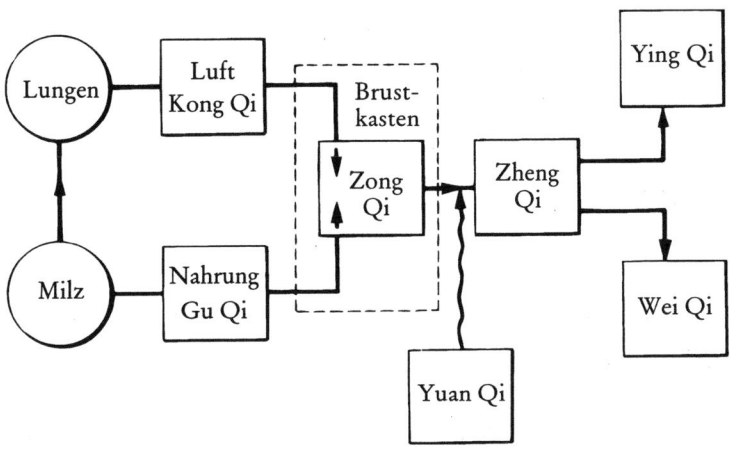

Die Herkunft des Qi

Gu Qi und *Kong Qi* vermischen sich, um das *Atmungs-Qi (Zong Qi)* zu bilden, das manchmal auch als das *Qi der Brust* bezeichnet wird.

Das *Zong Qi* schließlich wird durch den katalysierenden Einfluß des *Yuan Qi* zum *rechten* oder *wahren Qi (Zheng Qi)*, das *Qi*, das in den Kanälen und Organen des Körpers zirkuliert.

Zheng Qi bildet die Grundlage für das *Nahrungs-Qi (Ying Qi)*, das für die Ernährung aller Gewebe im Körper entscheidend ist. Außerdem ist es auch die Basis des *Abwehr-Qi (Wei Qi)*, das in den Außenschichten des Körpers zirkuliert und ihn vor von außen kommenden Faktoren schützt, die Disharmonie und Krankheit hervorrufen könnten.

Wenn das *Zheng Qi* durch die verschiedenen Organe des Körpers fließt, entfaltet es seine Wirkung entsprechend den Eigenschaften des jeweiligen Organs. So unterscheidet sich beispielsweise die Aktivität des Leber-Qi von der des Lungen-Qi, sie sind aber beide Formen des *Zheng Qi*. Das wird als *Organ-Qi (Zang Fu Zhi Qi)* bezeichnet. In ähnlicher Weise wird das *Zheng Qi*, wenn es durch die Kanäle oder Meridiane des Körpers fließt, *Meridian Qi (Jing Luo Zhi Qi)* genannt.

Funktionen des Qi
Es gibt fünf Hauptfunktionen des Qi im Körper.

Qi ist die Quelle von körperlicher Aktivität und Bewegung

Jede Bewegung im Körper, ob willkürlich oder unwillkürlich, ist eine Manifestation des Qi-Flusses. Das Qi ist in einem permanenten Prozeß des Steigens und Fallens, des Eintritts und Austritts aus dem Körper. Gesundheit und Wohlbefinden hängen von dieser unaufhörlichen dynamischen Aktivität ab.

Qi wärmt den Körper

Die Aufrechterhaltung der normalen Körpertemperatur ist auf die erwärmende Wirkung des Qi zurückzuführen.

Qi ist die Quelle des Schutzes für den Körper

Wie bereits angemerkt, ist das Wei Qi verantwortlich für den Schutz des Körpers gegen das Eindringen äußerlicher Faktoren wie Kälte, Hitze, Feuchtigkeit und andere krankheitsauslösende Ursachen.

Qi ist die Quelle des Stoffwechsels im Körper

Die Aktivität des Qi im Körper ist entscheidend für die Umwandlung von Nahrung und Luft in andere lebenswichtige Substanzen, wie das Qi selbst, Blut und Körperflüssigkeiten.

Qi steuert die Aufrechterhaltung der Struktur

Gesundes und starkes Qi ist notwendig, um die verschiedenen Organe, Gefäße und Gewebe an ihrem Platz zu halten und so ihr korrektes Funktionieren sicherzustellen. Das entspricht dem korrekten Luftdruck in einem Autoreifen, der nötig ist, um die Verbindung mit dem Rad herzustellen und die Bewegung des Fahrzeugs zu ermöglichen.

Qi-Disharmonien
Es gibt vier charakteristische Arten von Qi Disharmonie.

Qi-Mangel (Qi Xu)

In diesem Fall fehlt es an Qi, um die verschiedenen Aufgaben angemessen zu erfüllen. So kann z.B. bei älteren Menschen ein auf das Altern zurückzuführender Qi-Mangel zu chronischer Kälte führen, da das Qi seine wärmende Funktion nicht angemessen erfüllt.

Zusammengebrochenes Qi (Qi Xian)

Wenn der Qi-Mangel sehr extrem ist, kann es passieren, daß das Qi seine haltende Funktion nicht mehr richtig ausüben kann und zusammenbricht. Am deutlichsten zeigt sich das bei Organvorfällen.

Gestautes Qi (Qi Zhi)

Wird der normale Qi-Fluß aus irgendeinem Grund beeinträchtig, kann das zu einem trägen Fluß oder zu Blockaden führen. Das würde einem versandeten Gewässer entsprechen. Wenn das Wasser nicht gereinigt wird, stockt es, wird faul und ist nicht mehr in der Lage Lebensformen zu erhalten. Eine einfache Prellung wird aufgrund des Qi-Staus in den Meridianen lokale Schwellungen und Schmerzen hervorrufen. Stauung kann auch innere Organe beeinträchtigen und zu ernsthafteren Disharmonien führen.

Rebellisches Qi

In diesem Fall fließt das Qi in die falsche Richtung. Ein Beispiel: Als eine typische Eigenschaft des Magen-Qi wird die Tatsache betrachtet, daß es abwärts fließt und Nahrung in die Därme transportiert. „Rebelliert" das Magen-Qi, dann bewegt es sich aufwärts und verursacht Probleme wie Schluckauf, Übelkeit und in Extremfällen Erbrechen.

Jing

Jing wird in der Regel mit Essenz übersetzt. Es ist ein weiteres schwer zu verstehendes Konzept der chinesischen Medizin. Jing kann als die Grundlage aller Aspekte des organischen Lebens verstanden werden. Ist das Jing in Fülle vorhanden, bedeutet das eine starke Lebenskraft, und der Organismus ist gesund und strahlend. Fehlt es an Jing, ist die Lebenskraft geschwächt, und der Organismus wird für Krankheiten und Störungen anfällig. Es ist vielleicht nützlich, Qi und Jing anhand des Aspekts der Bewegung zu unterscheiden. Wie oben erläutert, ist Qi für die permanenten alltäglichen Bewegungen im Körper verantwortlich. Jing hingegen wird mit den langsamen Entwicklungen und Veränderungen in Verbindung gebracht, die das Wachstum des Organismus vom Fötus über das ganze Leben hinweg bis hin zu Alter und Tod kennzeichnen.

Herkunft und Arten des Jing

Das *vorhimmlische* oder *angeborene Jing (Xian Tian Zhi Jing)* entsteht bei der Verschmelzung der sexuellen Energie von Mann und Frau im Augenblick der Empfängnis. So bildet dieses *angeborene Jing* die Grundlage des Wachstums in der Gebärmutter und ernährt den wachsenden Embryo und Fötus. Menge und Qualität des angeborenen Jing sind beim jeweiligen Einzelmenschen unveränderlich und bestimmen die Eigenschaften und die Konstitution, die die Person im Laufe des Lebens haben wird.

Das *nachhimmliche* oder *nachgeburtliche Jing (Hou Tian Zhi Jing)* ist das Jing, das durch die Tätigkeit von Milz und Magen der aufgenommenen Nahrung und Flüssigkeit entzogen wird. Das *nachgeburtliche Jing* ergänzt das *angeborene Jing.* Zusammen bilden sie das gesamte Jing des Organismus.

Die chinesische Medizin sieht das Jing in einem engen Zusammenhang mit der Funktion der Nieren. Das *Nieren-Jing* stellt eine weitere eigene Form des Jing dar, die aus dem *vorhimmlischen* und dem *nachhimmlischen Jing* hervorgeht. Für unsere Erörterung hier genügt es, anzumerken, daß das *Nieren-Jing* die Umwandlung von Nieren-Yin in Nieren-Qi fördert, unter dem wärmenden Einfluß des Nieren-Yang.

Funktionen des Jing

Jing steuert Wachstum, Fortpflanzung und Entwicklung

Jing gilt als entscheidend für die Entwicklung des Individuums im Laufe des Lebens. Bei Kindern ist es verantwortlich für das Wachstum von Knochen, Zähnen und Haaren. Außerdem fördert es die Entwicklung des Gehirns und die sexuelle Reifung. Im Erwachsenenalter bildet das Jing die Grundlage der Reproduktion. Beim Mann wie auch bei der Frau hängt die Fruchtbarkeit von einem starken Nieren-Jing ab.

Jing fördert das Nieren-Qi

Wie bereits gesagt, besteht eine sehr starke Verbindung zwischen dem Jing und den Nieren. Das Nieren-Qi ist besonders wichtig, da es als die Wurzel des gesamten Qi im Körper gilt. Ist das Nieren-Qi in irgendeiner Weise zu gering oder geschwächt, führt das zu einem Mangel und einer Schwäche des Qi im gesamten Körper.

Jing produziert Mark

In der chinesischen Medizin ist der Begriff „Mark" weiter als der westliche Begriff Knochenmark. Er schließt die Grundzusammensetzung von Rückenmark und Gehirn ein. Da das Jing für die Produktion von Mark verantwortlich ist, kann eine Schwächung dieses Prozesses ernste Folgen haben.

Jing bildet die Basis unserer Konstitution

Die Stärke des Jing bestimmt unsere konstitutionelle Grundstärke. Das Jing arbeitet also Hand in Hand mit dem Wei Qi, um den Körper vor äußeren Faktoren zu schützen. Ist das Jing schwach, kann der Mensch zu Infektionen und Krankheiten neigen.

Jing-Disharmonien
Die Jing-Disharmonien hängen meist direkt mit den oben skizzierten Funktionen zusammen.

Entwicklungsstörungen

Alle Entwicklungsstörungen, wie beispielsweise Lernschwierigkeiten und körperliche Behinderungen bei Kindern, sind auf einen Mangel an Jing zurückzuführen. Wenn das Jing im Laufe des Lebens abnimmt, tritt körperlicher Abbau auf, in der Regel verbunden mit Schwerhörigkeit, grauem Haar oder Haarausfall sowie einer allgemeinen Zerbrechlichkeit und Senilität.

Nierenbezogene Störungen

Aufgrund der engen Verbindung mit den Nieren kann jeder Mangel an Jing zu nierenbezogenen Störungen wie Impotenz, Schmerzen im unteren Rücken und Tinnitus führen.

Markbezogene Störungen

Schwaches Jing kann Fehlfunktionen des Gehirn wie schlechtes Gedächtnis, mangelnde Konzentration und Schwindel zur Folge haben.

Konstitutionelle Schwäche

Hier kann eine chronische Neigung zu äußeren Krankheitsmustern und Allergien auftreten, die nur unter Schwierigkeiten bewältigt werden kann.

Blut

Der westliche Leser, der bis hierher Schwierigkeiten mit dem Verständnis der Konzepte Qi und Jing hatte, wird entdecken, daß die Sache nicht leichter wird, wenn wir die Bedeutung des Blutes in der chinesischen Medizin erörtern. Blut ist in der chinesischen Medizin nicht die gleiche Substanz, die in der westlichen Medizin als Blut identifiziert wird. (Im folgenden wird *Blut* kursiv gedruckt, wenn der chinesische Begriff gemeint ist. Bei der westlichen Verwendung bleibt das Wort Blut unverändert.)

Die chinesische Medizin betrachtet *Blut* als eine sehr materielle und flüssige Erscheinungsform von Qi. Wenn wir uns nun das *Blut* ansehen, werden wir die Reihenfolge leicht ändern. Wir betrachten:

- Die Herkunft von *Blut*
- Die Funktionen von *Blut*
- Die Wirkungszusammenhänge des *Blutes*
- Disharmonien des *Blutes*

Die Herkunft von Blut

Blut wird auf zwei Arten hergestellt, um dann seine Funktionen im ganzen Körper auszuüben.

Die Umwandlung von Nahrung

Die Milz extrahiert Gu Qi aus der vom Magen aufgenommen Nahrung und sendet es nach oben in den Bereich des Brustkorbs. Das Jing Qi beginnt mit dem Prozeß der Umwandlung in *Blut*. Das Gu Qi wird von den Lungen zum Herzen geschickt, wo das Yuan Qi die weitere Umwandlung in *Blut* unterstützt. (Siehe Abbildung Seite 43.)

Die Aktivität des Mark

Hier produziert das Jing, das in den Nieren gespeichert ist, Mark. Dieses Mark bringt Knochenmark hervor, das zur Herstellung von *Blut* beiträgt. (Siehe Abbildung Seite 44.)
In der chinesischen Medizin spielen also die Milz, der Magen, die Lungen, das Herz und die Nieren eine wichtige Rolle bei der Herstellung von *Blut*.

Die Funktionen von Blut
Es wird von drei Funktionen des *Blutes* im Körper ausgegangen.

Blut ernährt den Körper

Die vielleicht wichtigste Funktion des *Blutes* besteht darin, Nährstoffe zu allen Organen, Muskeln, Sehnen und so weiter zu transportieren. *Blut* wird als ein Aspekt des Qi betrachtet und trägt dazu bei, die nährenden Aspekte des Qi zu transportieren.

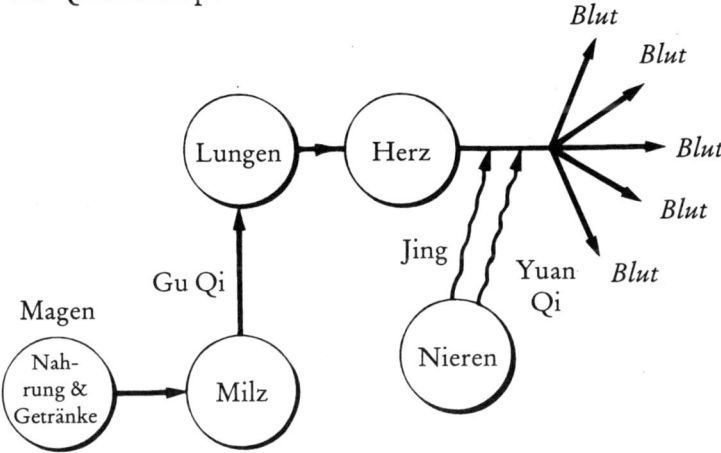

Wie das Blut aus der Nahrung entsteht

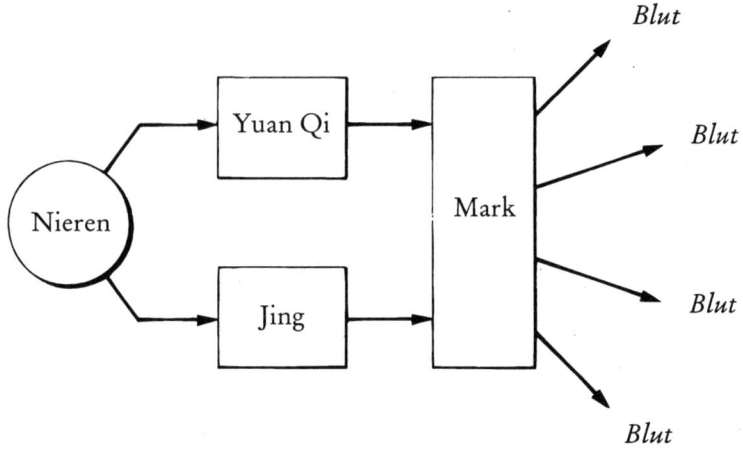

Wie das Blut durch die Aktivität des Mark im Körper hergestellt wird

Blut befeuchtet den Körper

Weil es eine Flüssigkeit ist, ist *Blut* in der Lage, den Körper feucht und geschmeidig zu halten.

Blut stärkt den Geist (Shen)

Die chinesische Medizin geht davon aus, daß das *Blut* dazu beiträgt, den Geist zu verankern und die Entwicklung von klaren und gefestigten Gedankengängen zu ermöglichen. Wenn es einer Person an *Blut* mangelt, kann sich eine Tendenz zur Reizbarkeit und Unruhe zeigen, weil das *Blut* den Geist nicht angemessen verankert hat.

Wirkungszusammenhänge des Blutes
Blut steht in wichtigen Beziehungen zu allen Yin-Organen (Zang) des Körpers. Wir werden das genauer erörtern, wenn wir im übernächsten Kapitel die Funktionen der verschiedenen Organe betrachten.

Dennoch lohnt es sich, noch etwas mehr über das sehr enge gegenseitige Abhängigkeitverhältnis zwischen *Blut* und Qi zu sagen. Blut ist ein Aspekt des Qi. Qi läßt sich in bezug auf *Blut* als Yang einordnen, da es geistiger ist. Entsprechend wird *Blut* in Hinsicht auf Qi als Yin eingestuft, denn es ist materieller. Die enge Beziehung zeigt sich in folgenden Punkten:

- Qi bringt *Blut* hervor.
- Qi transportiert *Blut* durch den Körper.
- Qi hält das *Blut* in den Blutgefäßen.
- *Blut* nährt das Qi.

Die Chinesen fassen die Beziehung zwischen Qi und *Blut* in der Aussage zusammen, daß „Qi der Befehlshaber des *Blutes* und *Blut* die Mutter des Qi ist".

Blut-Disharmonien
Es wird davon ausgegangen, daß es drei Hauptarten von *Blut*-Disharmonien gibt.

Mangel an *Blut* (Xue Xu)

Mangelt es an *Blut*, ist das in der Regel auf die Unfähigkeit der Milz zurückzuführen, Gu Qi für die Herstellung des *Blutes* in Bewegung zu setzen. In typischen Fällen hat das eine bleiche Gesichtsfarbe, eine trockene Haut und gelegentliche Schwindelanfälle zur Folge.

Gestautes *Blut* (Xue Yu)

Wenn das Qi schwach oder gestaut ist, gelingt es ihm unter Umständen nicht mehr, das *Blut* angemessen in Bewegung zu halten. Das führt dazu, daß sich das *Blut* staut. Das hat typischerweise scharfe und oft intensive Schmerzen zur Folge. Es können sich auch Tumore entwickeln.

Hitze im *Blut*

Meistens resultiert das aus einer inneren Hitze, die durch die Disharmonie eines anderen Organs erzeugt wird – in der Regel die Leber. Das kann neben anderen Disharmonien zu Hautproblemen und mentalen bzw. emotionalen Schwierigkeiten führen.

Körperflüssigkeiten

Die Körperflüssigkeiten (Jin Ye) werden als organische Säfte angesehen, die den Körper feucht und geschmeidig halten – zusätzlich zum *Blut*, das aufgrund seiner Bedeutung in der chinesischen Medizin gesondert betrachtet wird.

Herkunft und Arten der Körperflüssigkeiten
Die Körperflüssigkeiten entstehen in dem Prozeß, bei dem Milz und Magen aufgenommene Nahrung und Flüssigkeit verarbeiten. In der chinesischen Medizin besteht eine wichtige Funktion der Milz darin, unter den Flüssigkeiten, die mit der Nahrung aufgenommen wurden, „reine" von „unreinen" zu trennen. Die „reinen" Flüssigkeiten werden nach oben zu den Lungen geschickt, wo sie

ein weiteres Mal in „leichte" und „dichte" Flüssigkeiten geschieden werden. Die leichten Flüssigkeiten werden von der Lunge verteilt, um die Haut und die Muskeln des Körpers anzufeuchten und zu nähren. Die „dichten" Flüssigkeiten werden zu den Nieren transportiert. Die wärmende Aktivität der Nieren trennt die „dichten" Flüssigkeiten noch einmal. Die geläuterte Flüssigkeit wird zurückgesandt, um die Lungen zu befeuchten, und die unreinen Flüssigkeiten fließen von den Nieren in die Blase, wo sie als Urin ausgeschieden werden.

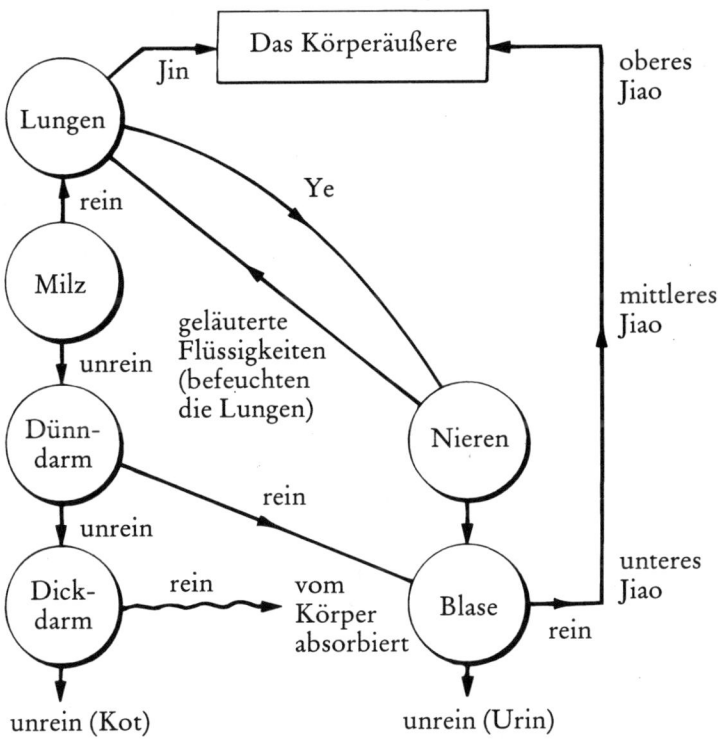

Die Herstellung der Körperflüssigkeiten

Zusätzlich zu diesem Prozeß werden die „unreinen" Flüssigkeiten aus der Milz zum Dünndarm hinuntergeschickt, der die Flüssigkeiten noch einmal trennt – die reineren sendet er zur Blase, und die allerunreinsten kommen in den Dickdarm, um dort schließlich als Fäzes ausgeschieden zu werden. Allerdings werden selbst dort noch einmal einige etwas reinere Destillate vom Körper wiederaufgenommen. Der abschließende Teil des Kreislaufs der Körperflüssigkeiten besteht aus einer nochmaligen Scheidung in der Blase. Hier werden die „reinen" Stoffe durch die Tätigkeit des San Jiao oder Dreifachen Erwärmers wieder hinauf in den Körper geschickt. Das „Unreine" wird als Urin ausgeschieden. Wie man deutlich sehen kann, ist die Herstellung und der Kreislauf der Körperflüssigkeiten in der chinesischen Medizin ein subtiler und vielschichtiger Vorgang. In allen Stadien findet ein unaufhörlicher Prozeß der Trennung und Rückführung statt, mit dem sichergestellt wird, daß das Maximum an nützlichen Flüssigkeiten extrahiert und vom Körper genutzt wird. Es gibt zwei Grundtypen von Körperflüssigkeiten.

Leichte Flüssigkeiten (Jin)

Die Jin-Flüssigkeiten sind leicht und wässerig. Es wird meist davon ausgegangen, daß sie zusammen mit dem Wei Qi im Bereich von Haut und Muskeln im Körperäußeren zirkulieren. Ihre Bewegung wird von den Lungen kontrolliert.

Dichte Flüssigkeien (Ye)

Die Ye-Flüssigkeiten sind viel schwerer und dicker. Sie zirkulieren mit dem Ying Qi unter dem Einfluß von Milz und Nieren im Körperinneren.

Die Funktion der Körperflüssigkeiten

Die Grundfunktion aller Körperflüssigkeiten besteht darin, den Körper zu ernähren und feucht zu halten.

Die Jin-Flüssigkeiten erfüllen diese Aufgabe für die Haut, die Muskeln und das Haar. Sie können als Säfte in Erscheinung treten, die direkt vom Körper abfließen, also Schweiß, Tränen und Speichel.

Die Ye-Flüssigkeiten erfüllen diese Aufgabe für die Gelenke und das Gehirn.

Körperflüssigkeiten, Qi und Blut

Es sollte zunehmend klarer werden, daß wir in der chinesischen Medizin keine der lebenswichtigen Substanzen unabhängig von den anderen betrachten können. Ihre Funktionen wirken permanent aufeinander ein und hängen voneinander ab. Das zeigt sich deutlich, wenn man über Qi, *Blut* und die Körperflüssigkeiten nachdenkt.

Qi hat eine entscheidende Bedeutung für die Herstellung und den Transport der Körperflüssigkeiten, und es ist dafür verantwortlich, sie in Balance zu halten. Umgekehrt kann ein Mangel an Körperflüssigkeiten das Qi schädigen, also sind die Körperflüssigkeiten unentbehrlich für die Aufrechterhaltung eines gesunden Qi.

Körperflüssigkeiten und *Blut* ernähren sich gegenseitig. Die Körperflüssigkeiten sind nötig, um eine bestimmte Beschaffenheit des *Blutes* zu gewährleisten, damit es sich nicht staut und dadurch Krankheiten verursacht.

Störungen der Körperflüssigkeiten

Es gibt zwei Grundtypen von Störungen der Körperflüssigkeiten.

Mangel an Körperflüssigkeiten

Ein Mangel an Körperflüssigkeiten kann zu einem ganzen Bündel von Problemen führen, die entstehen, weil die Aufgaben der Ernährung und Feuchthaltung nicht ausreichend erfüllt werden. Zum Beispiel können fehlende Flüssigkeiten in den Därmen die Ursache von Verstopfung sein.

Ansammlung von Flüssigkeiten

Wenn sich Flüssigkeiten ansammeln, kann das Probleme wie übermäßige Feuchtigkeit und Trägheit erzeugen. Ist beispielsweise die Milz durch einseitige Ernährung geschädigt, kann das eine Feuchtigkeit zur Folge haben, die sich als Lethargie und Schweregefühl im Unterleibsbereich bemerkbar macht.

Shen

Die letzte Grundsubstanz, die wir kurz betrachten werden, ist das Shen. Es kann als Geist oder Seele eines Individuums übersetzt werden. Vielleicht ist Geist der angemessenere Ausdruck, weil die chinesische Philosophie zwischen verschiedenen Aspekten der Seele unterscheidet und diese Diskussion den Rahmen dieses Buches sprengen würde.

Dennoch sollten wir nicht meinen, Shen sei einfach der Verstand, der denkt, sich erinnert und logische Operationen durchführt. Shen ist also nicht menschliches Bewußtsein als solches, aber wir können sagen, daß die Existenz menschlichen Bewußtseins ein Beweis für die Aktivität und Anwesenheit des Shen ist.

Es ist vielleicht am besten, das Shen in seiner Beziehung zu Qi und Jing zu betrachten. Der Sammelbegriff der chinesischen Medizin für Jing, Qi und Shen lautet „Die drei Schätze". Sie werden als die Grundbestandteile des individuellen Lebens aufgefaßt.

- Jing ist der dichteste Bestandteil und trägt die Verantwortung für die Entwicklungsprozesse des Körpers.
- Qi ist die nächste Stufe. Es ist verantwortlich für die unmittelbare Lebendigkeit des Körpers.
- Shen ist die subtilste Stufe. In seiner Verantwortung liegt das menschliche Bewußtsein.

Befinden sich die drei Schätze in Harmonie, dann strotzt der Mensch vor Leben. Er ist körperlich leistungsfähig und hat einen scharfen, wachen Verstand. Die treibende Kraft des Shen prägt die Persönlichkeit des Individuums.

Shen-Disharmonien
Eine kleinere Störung des Shen zeigt sich als langsames und verwirrtes Denken, Angst oder Schlaflosigkeit. In extremen Fällen kann eine Shen-Disharmonie die Ursache für eine Persönlichkeitsstörung, psychische Schäden und sogar Bewußtlosigkeit sein.

Zusammenfassung

Dieses Kapitel hat Sie in einiger Ausführlichkeit mit den Grundsubstanzen der chinesischen Medizin bekannt gemacht. Vielleicht ist es nützlich, Herkunft und Funktion der Grundsubstanzen noch einmal in einer Tabelle zusammenzufassen.

	Herkunft	*Funktion*
Qi	vorhimmlisch – Eltern nachhimmlisch – Nahrung/Luft	Bewegung und Aktivität, Erwärmung, Umwandlung, Schutz, Stütze
Jing	vorhimmlisch – Eltern nachhimmlisch – aufgenommene Nahrung	Wachstum, Reproduktion, Entwicklung, fördert das Nieren-Qi, produziert Mark, Basis der Konstitution
Blut	Umwandlung der Nahrung Wirkung des Mark	nährt, befeuchtet, stärkt das Shen
Körperflüssigkeiten	aus der aufgenommenen Nahrung destilliert	befeuchtet und nährt mittels: Jin (leichte Flüssigkeiten) Ye (schwere Flüssigkeiten)
Shen	Manifestation des Bewußtseins	hält den Geist scharf und wachsam

Verheddern Sie sich nicht in dem Versuch, Qi, Jing, *Blut*, Körperflüssigkeiten und Shen als „Dinge" zu begreifen, aus denen der menschliche Körper aufgebaut ist. Versuchen Sie stattdessen, sich damit vertraut zu machen, daß mit diesen Konzepten vor allem ein „Prozeß" beschrieben wird und daß diese Stoffe in einer unaufhörlichen dynamischen Balance existieren – sie bilden den „Tanz des Lebens".

DAS SYSTEM DER MERIDIANE

In diesem Kapitel wollen wir versuchen, ein wenig Klarheit und Logik in unser Verständnis vom Energieverteilungssystem der chinesischen Medizin zu bringen und eine Verbindung zu dem herzustellen, was wir bisher über chinesische Medizin gelernt haben.

Was sind Kanäle?

Nachdem wir die Grundsubstanzen erörtert haben, ist klar, daß es einen Weg geben muß, auf dem diese Substanzen sich im Körper verteilen. Die chinesische Medizin beschreibt ein komplexes System von Kanälen und sie verbindenden Gefäßen, die Qi, *Blut* und die Körperflüssigkeiten durch den Körper transportieren.

Man erliegt leicht der Versuchung, sich diese Kanäle so vorzustellen, wie wir uns das System der Blutgefäße denken: Arterien, Venen und Haargefäße, die Blut im Körper befördern. Das ist eine hilfreiche, aber auch irreführende Analogie. Sie ist insofern hilfreich, als das Kanalsystem tatsächlich für die Verteilung der Grundsubstanzen im Körper verantwortlich ist. Sie kann aber unter dem Gesichtspunkt irreführend sein, daß die herkömmliche Anatomie und Physiologie nicht in der Lage ist, diese Wege physiologisch so zu identifizieren, wie das mit den Blutgefäßen möglich ist.

Man sollte nicht vergessen, daß die chinesische Medizin sehr stark auf einer subtilen Energieebene arbeitet. Qi,

Blut, Jing und Shen sind im wesentlichen Energie-Qualitäten, die permanent um den Berührungspunkt zwischen dem körperlichen und dem energetischen Bereich oszillieren. Die Wirkungen der von ihnen vorangetriebenen Prozesse manifestieren sich im physischen Körper in all seinen Stärken, Schwächen, Veranlagungen und Disharmonien, aber ihre eigene Natur bleibt im wesentlichen energetisch. Es ist also vielleicht nützlicher, das Meridiansystem als ein Netzwerk zur Verteilung von Energie zu betrachten, das selbst tendenziell energetische Gestalt besitzt. Ganz ähnlich wie wir das Qi über seine Wirkungen zu verstehen versuchen, läßt sich das Meridiansystem am besten als Prozeß und nicht so sehr als Struktur begreifen.

Ein nützliche Analogie, die oft in der chinesischen Medizin benutzt wird, um das Fließen des Qi zu beschreiben, ist das Bild eines Flusses. Ein Fluß hat eine Quelle und folgt seinem Lauf, bis er am Ende das Meer erreicht. In seinem Lauf ist er erst flach, dann tief; er fließt erst schnell, dann langsam, während er dem „natürlichsten" Weg folgt.

Die chinesische Philosophie glaubt, daß das Qi alles im Universum durchdringt – es gibt nichts, das keine Manifestation des Qi wäre. Das Qi muß also auch jede Mikrostruktur im Körper durchdringen, aber seine Konzentration ist unterschiedlich. Vielleicht ist es hilfreich, sich das Meridiansystem als Bereich mit hoher Qi-Konzentration vorzustellen. Wenn Sie sich also von einem beliebigen Kanal wegbewegen, erreichen Sie nicht plötzlich einen „Rand". Es ist vielmehr so, daß Sie von Gebieten mit hoher Qi-Konzentration in Gebiete mit niedrigerer Qi-Konzentration gelangen. Man könnte es mit dem Pegel eines Flusses vergleichen, der immer mehr abnimmt, wenn Sie seine Mitte verlassen. Aber selbst wenn Sie die

offensichtliche physikalische Grenze des Flusses über-
queren, ist immer noch Feuchtigkeit in der Erde.

Die Abbildung auf Seite 56 versucht, Ihnen einen Eindruck des Beschriebenen zu vermitteln.

Wir haben also folgendes Bild: Der Körper ist von
einem Energiesystem durchdrungen, das sich um Bereiche
hoher Energiedichte konzentriert, die als Kanäle bezeichnet werden. Diese Energie ist im Zustand konstanter
dynamischer Bewegung, die auf sehr spezifische Weise –
wie später noch beschrieben wird – die Myriaden von
Prozessen antreibt, die sich selbst als körperlicher Organismus manifestieren. Tritt irgend etwas auf, das diesen
Energiefluß in irgendeiner Weise schwächt oder blockiert,
ist das Resultat ein energetisches Ungleichgewicht, das
sich im körperlichen Organismus als Krankheit bemerkbar macht.

Was sind Akupunkturpunkte?

Das zweite augenfällige Merkmal einer Meridiankarte des
menschlichen Körpers ist die Tatsache, daß die einzelnen
Kanäle markierte Punkte aufweisen. Manche Kanäle
haben anscheinend eine ganze Menge davon, andere weniger, manche Punkte treten in dichten Gruppen auf, andere
eher vereinzelt. Diese Punkte sind natürlich das, was her-
kömmlicherweise als Akupunkturpunkte bezeichnet
wird. Aber in welcher Beziehung stehen sie zu dem eben
beschriebenen Energiesystem?

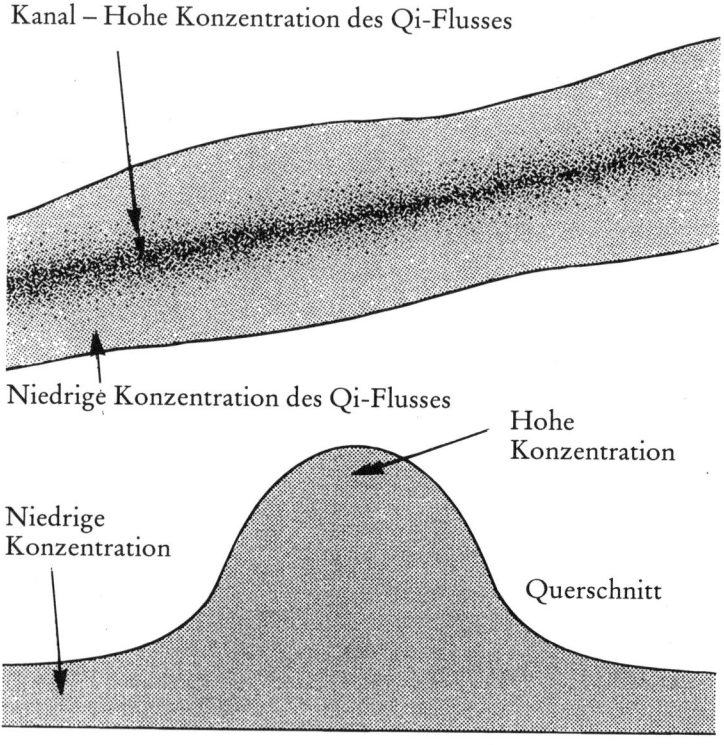

Kanal – Hohe Konzentration des Qi-Flusses

Niedrige Konzentration des Qi-Flusses

Hohe Konzentration

Niedrige Konzentration

Querschnitt

Der Qi-Fluß im Körper

Es hat den Anschein, daß es entlang der Kanäle so etwas wie „Zugangspunkte" gibt. Greifen wir zurück auf das Bild des Flusses: Überlegen Sie, wie ein Strudel alles in das Zentrum des Flusses hinunterzieht – mit dem Effekt, daß ein Zugang zu den Tiefen des Flusses entsteht. Deshalb ist es vielleicht hilfreich, Akupunkturpunkte als „Energiewirbel" zu betrachten, die das Qi aus dem Energiefluß des Körpers heraus- oder in ihn hineinleiten und die einen Zugang schaffen, über den der Qi-Fluß des Körpers unmittelbar beeinflußt werden kann.

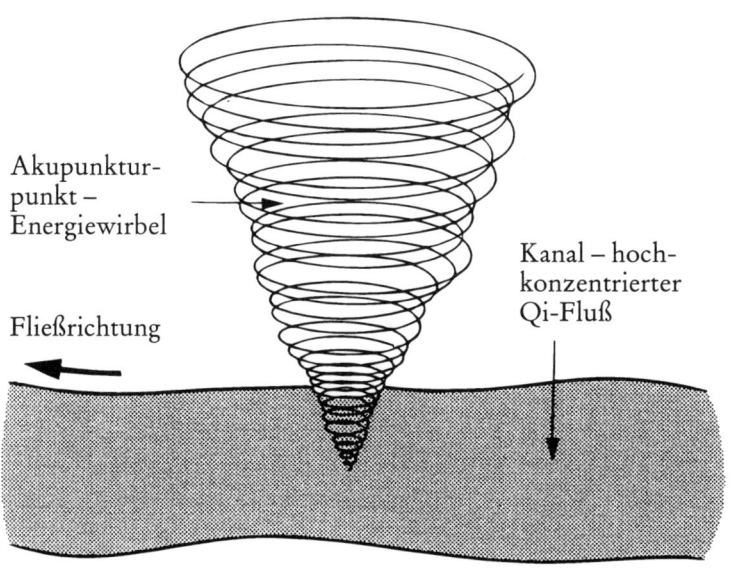

Akupunktur-
punkt –
Energiewirbel

Kanal – hoch-
konzentrierter
Qi-Fluß

Fließrichtung

Ein Akupunkturpunkt

Aus diesem Grund kann einfacher Druck auf einen bestimmten „Energiewirbel" Veränderungen im Energiesystem und in Folge davon körperliche Wirkungen hervorrufen. Das ist die Grundlage für eine Akupressur-
Behandlung. Wir benutzen solche Techniken instinktiv,
wenn wir an einer kleineren Disharmonie leiden. Reiben
wir z.B. den Schläfenbereich an der Seite unseres Kopfes,
wenn wir Kopfweh haben, dann stimuliert das den „Energiewirbel" oder Akupunkturpunkt, der als Taiyang bekannt ist. Akupunktur führt das Ganze lediglich eine
Stufe weiter. Die feinen Nadeln werden an entsprechend
ausgesuchten Wirbeln oder Akupunkturpunkten in das
Energiesystem des Patienten eingestochen. Die Nadeln
verursachen Veränderungen im Muster des Energiesystems, die – so hofft man – wohltuende Veränderungen

auf der körperlichen Ebene zur Folge haben. Es ist wahrscheinlich, daß das Energiesystem der Person, die die Akupunktur durchführt, ebenfalls einen Faktor in diesem Vorgang darstellt. Die Nadel wird dann so etwas wie eine Verlängerung dieses Energiesystems.

Hoffentlich haben Sie sich mittlerweile eine dynamischere Sichtweise vom Energiesystem des Körpers angeeignet, die Ihnen hilft, das Meridiansystem als eine Art „energetische Anatomie" zu verstehen. Die gesamte Frage einer energetischen Anatomie wird im achten Kapitel in einer spekulativeren Weise noch einmal aufgegriffen.

Das Meridiansystem in der chinesischen Medizin

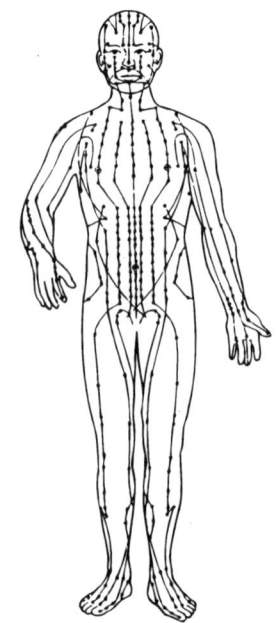

Das Hauptmeridiansystem des Körpers

Bei oberflächlicher Betrachtung des anatomischen Diagramms könnte der Eindruck entstehen, daß das Meridiansystem aus einer Reihe unabhängiger Kanäle besteht, die auf der Oberfläche des Körpers verlaufen. Nichts ist unzutreffender. Die Kanäle lassen sich in verschiedene Typen einteilen

Die zwölf Hauptkanäle (Jing)
Diese zwölf Hauptkanäle entsprechen den fünf Yin-Organen, den sechs Yang-Organen und dem Herzbeutel, der in der chinesischen Medizin aufgrund seiner Funktion den Yin-Organen zugeordnet wird.

Es gibt drei Yin-Organe und drei Yang-Organe, die sowohl zu den Armen als auch zu den Beinen in Beziehung stehen. Jedes Yin-Organ bildet ein Paar mit dem entsprechenden Yang-Organ. Diese Yin/Yang-Entsprechungen sehen so aus:

Yin-Organ	*Yang-Organ*
Lungen	Dickdarm
Herz	Dünndarm
Herzbeutel	San Jiao
Leber	Gallenblase
Nieren	Blase
Milz	Magen

Der San Jiao ist ein Organ, das in der westlichen Medizin keine anatomische Entsprechung hat. Das wird ausführlicher im nächsten Kapitel erörtert.

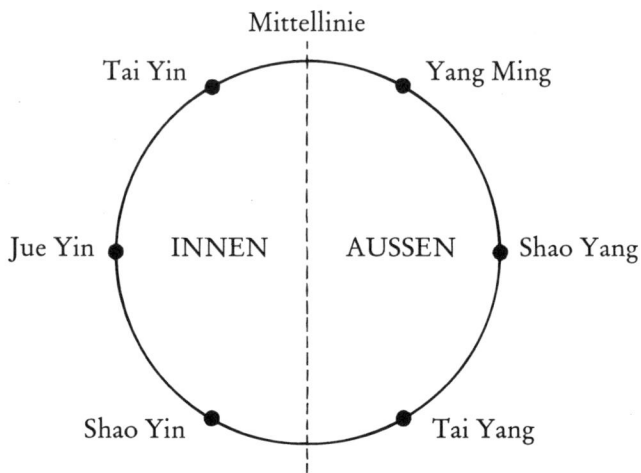

Die Verteilung der Kanäle in den Gliedmaßen

Betrachten wir einen Querschnitt durch eine Extremität, dann ordnen sich die Kanäle an wie oben gezeigt.

Es gibt sechs Yin-Kanalpaare und sechs Yang-Kanalpaare (jeweils drei in den Armen und drei in den Beinen). Wir haben also:

Tai Yin-Kanal (Arm):	Lungen
Tai Yin-Kanal (Bein):	Milz
Shao Yin-Kanal (Arm):	Herz
Shao Yin-Kanal (Bein):	Nieren
Jue Yin-Kanal (Arm):	Herzbeutel
Jue Yin-Kanal (Bein):	Leber
Yang Ming-Kanal (Arm):	Dickdarm
Yang Ming-Kanal (Bein):	Magen
Tai Yang-Kanal (Arm):	Dünndarm
Tai Yang-Kanal (Bein):	Blase
Shao Yang-Kanal (Arm):	San Jiao
Shao Yang-Kanal (Bein):	Gallenblase

Der Qi-Kreislauf in den zwölf Hauptkanälen

Das Qi fließt aus dem Brustbereich durch die drei Yin-Kanäle (Lungen, Herzbeutel, Herz) zu den Händen. Hier sind die drei Yin-Kanäle mit den drei paarigen Yang-Kanälen des Arms (Dickdarm, San Jiao, Dünndarm) verbunden, die aufwärts in Richtung Kopf fließen. Im Kopf sind sie an die drei entsprechenden Yang-Kanäle (Magen, Gallenblase, Blase) angeschlossen, die körperabwärts auf die Füße zu verlaufen. In den Füßen schließen sich die entsprechenden Yin-Kanäle der Beine an (Milz, Leber, Nieren). Sie fließen nach oben in den Brustbereich, um so den Kreislauf des Qi zu vollenden.

Auch wenn das Qi permanent und zu jeder Zeit durch die zwölf Hauptkanäle zirkuliert, gibt es bestimmte Zeiten, in denen der Fluß von Qi und *Blut* in dem jeweiligen Kanal seinen Höchststand hat. Setzt man den Fluß zu dem täglichen Zyklus der Höchststände in jedem Kanal in Beziehung, sieht das folgendermaßen aus:

Lungen (3–5 Uhr) → Dickdarm (5–7 Uhr) → Magen (7–9 Uhr) → Milz (9–11 Uhr) → Herz (11–13 Uhr) → Dünndarm (13–15 Uhr) → Blase (15–17 Uhr) → Nieren (17–19 Uhr) → Herzbeutel (19–21 Uhr) → San Jiao (21–23 Uhr) → Gallenblase (23–1 Uhr) → Leber (1–3 Uhr)

Diese Information kann für einen Arzt bei seinen Überlegungen in bezug auf Diagnose und Behandlungsstrategie von großem Nutzen sein.

Die Funktionen der Kanäle

Die Kanäle dienen als energetische Bindeglieder. Sie verbinden das Innere mit dem Äußeren und lenken den Fluß von

Qi und *Blut* durch den ganzen Körper. Sie transportieren das schützende Wei Qi durch den Körper, stellen aber gleichzeitig auch die Route dar, auf der krankheitserzeugende Faktoren von außen in den Körper eindringen können. Außerdem – und das ist wichtig – bieten die „Zugangspunkte" auf den Kanälen dem Arzt die Möglichkeit, mittels der Akupunktur Einfluß auf den Qi-Fluß zu nehmen.

Kommunikation zwischen den Kanälen

In der chinesischen Medizin geht man davon aus, daß die Arm- und die Beinkanäle gleichen Namens miteinander „kommunizieren". Deshalb lassen sich Probleme, die in einem bestimmten Kanal oder Organ auftreten, behandeln, indem man Punkte auf dem Kommunikationspartner stimuliert. Ein Beispiel: Eine Disharmonie in den Lungen kann man mit Hilfe von Punkten auf dem Milzkanal therapieren, da beide Tai Yin-Kanäle sind.

Jeder Kanal steht in Verbindung mit seinem entsprechenden Organ. Außerdem ist jeder Kanal mit seinem Partner-Yin- bzw. Yang-Organ verbunden. Lassen Sie mich das mit ein paar Beispielen illustrieren:

1. Ein Problem im Dickdarmkanal läßt sich über Punkte auf dem Dickdarmkanal behandeln, aber auch über Punkte auf dem Lungenkanal (dem Yin-Partner des Dickdarms).
2. Ein Nierenproblem, läßt sich über Punkte auf dem Nierenkanal behandeln und außerdem über Punkte auf dem Blasenkanal (dem Yang-Partner der Nieren).

Disharmonien der Hauptkanäle

Man sollte im Gedächtnis behalten, daß eine Disharmonie in einem bestimmten Organ dafür verantwortlich sein kann, daß sich das Problem durch das Meridiansystem auf die Partnerorgane überträgt.

Ein Beispiel: Jemand der eine extrem „kalte" Diät einhält, sagen wir, Salate, kalte und rohe Speisen, Früchte und Eisgetränke, kann in seinem Magen einen Qi-Mangel verursachen. Das kann sich auf die Yang-Energie der Milz (Partnerorgan) auswirken und dafür sorgen, daß das Milz-Qi nicht ansteigen kann. Als Konsequenz wird die Milz-Energie sinken, was zu Problemen wie Durchfall führt. Die Verbindung zwischen Magen und Dickdarm (Yang Ming-Kanäle) wird die Disharmonie zusätzlich verschärfen.

Die acht Sonderkanäle

Diese acht Kanäle haben keine direkte Verbindung zu dem großen Zang Fu-Organsystem. Nur zwei von ihnen sind mit Akupunkturpunkten versehen. Die acht Sonderkanäle sind:

Ren Mai	Dienergefäß
Du Mai	Lenkergefäß
Chong Mai	Verbindendes Gefäß
Dai Mai	Gürtelgefäß
Yin Wei Mai	Yin-Verschlußgefäß
Yang Wei Mai	Yang-Verschlußgefäß
Yin Qiao Mai	Yin-Fersengefäß
Yang Qiao Mai	Yang-Fersengefäß

Die wichtigsten dieser Kanäle sind Du Mai und Ren Mai. Sie besitzen beide unabhängige Akupunkturpunkte. Die anderen sechs werden als weniger wichtig eingestuft und teilen sich gemeinsame Punkte mit den zwölf Hauptkanälen.

Die Funktionen der Sonderkanäle

Sie dienen als Qi- bzw. *Blut*-Reservoire für die zwölf Hauptkanäle, die sich je nach Bedarf füllen oder leeren.

Da sie in enger Verbindung zu den Nieren stehen, transportieren sie das Jing durch den Körper.

Sie unterstützen die Zirkulation des schützenden Wei Qi durch den Rumpf des Körpers und spielen daher eine wichtige Rolle für die Erhaltung der Gesundheit.

Sie stellen zusätzliche Verbindungen zwischen den zwölf Hauptkanälen bereit.

Die auseinanderlaufenden Kanäle

Jeder der zwölf Hauptkanäle hat einen sogenannten auseinanderlaufenden Kanal. Sie bilden eine Verbindung von den Yin-Kanälen zu den zugehörigen Zang-Organen und von den Yang-Kanälen zu den zugehörigen Fu-Organen.

Die feineren Netzkanäle (Luo)

Der Blutkreislauf hat größere Verteilergefäße – die Arterien und die Venen. Es gibt aber auch Myriaden von kleineren verbindenden Haargefäßen, die sicherstellen, daß das Blut in jeden Winkel des Körpers gelangt. In gleicher Weise ist das Meridiansystem aus einem Netz von kleinen Verbindungskanälen aufgebaut.

Die fünfzehn Verbindungskanäle

Diese Kanäle stellen die Verbindung zwischen den Yin- und Yang-Kanal-Paaren her, beispielsweise zwischen dem Herz- und dem Dünndarmkanal.

Jeder der zwölf Hauptkanäle hat einen Verbindungskanal, der Milzkanal hat zwei, und Ren Mai sowie Du Mai haben je einen. Das ergibt insgesamt fünfzehn.

Die kleinen, die Oberflächen- und die *Blut*-Kanäle

Das sind die unzähligen winzigen Verbindungskanäle, die das gesamte Meridiansystem komplettieren.

Zusammenfassung

Wir haben einen kurzen Überblick über das energetisch-anatomische System der Kanäle und Akupunkturpunkte gegeben. Das ist von zentraler Bedeutung, wenn man begreifen will, wie der Fachmann für chinesische Medizin die mit dem Qi- bzw. *Blut*-Kreislauf verknüpften Prozesse zu beobachten und zu verstehen beginnt. Der Praktizierende muß über diese Netze genauso Bescheid wissen, wie der westliche Arzt über Anatomie und Physiologie des materiellen Körpers. Ohne dieses Verständnis wären Interventionen äußerst problematisch.

Erleben Sie den Fluß Ihres eigenen Qi
Eines der Hauptprobleme, das die meisten Menschen mit der chinesischen Medizin haben, ist, wie sie mit einem System zurechtkommen sollen, das der unmittelbaren Beobachtung nicht zugänglich ist. Das Fließen unseres Blutes können wir einfach dadurch erleben, daß wir uns in den Finger piken. Es ist aber nicht so einfach, den Fluß des Qi zu erleben.

Hier ist eine einfache Qigong-Übung, die es ihnen vielleicht ermöglicht, ein erstes Gefühl für die Wirkungen des Qi-Flusses zu bekommen.

1. Setzen Sie sich bequem auf einen Stuhl, mit aufrechtem Rücken, die Füße flach auf dem Boden. Legen Sie Ihre

Hände mit den Handinnenflächen nach oben in Ihren Schoß.

2. Entspannen Sie sich zwei oder drei Minuten lang.

3. Bringen Sie Ihre Arme in Brusthöhe, so daß die Handflächen in einem Abstand von 15 bis 20 Zentimetern einander zugewandt sind. Die Arme sollten entspannt sein, nicht ausgestreckt mit angespannten Muskeln. Stellen Sie sich vor, daß Sie einen weichen, elastischen Ball zwischen Ihren Händen halten.

4. Atmen Sie natürlich und dehnen Sie beim Einatmen den Unterbauch. Das ist der Bereich, der in der chinesischen Medizin als unterer Dan Tien bezeichnet wird. Stellen Sie sich vor, wie Ihr Qi aus dem Bereich etwa zwei Finger breit unterhalb Ihres Nabels herausfließt. Dieser Punkt liegt auf dem Ren-Kanal und heißt Qihai oder „Meer des Qi".

5. Stellen Sie sich vor, wie das Qi den Ren-Kanal hinaufsteigt und nach außen durch die Yin-Kanäle im Inneren der Arme fließt. Achten Sie besonders auf den Herzbeutelkanal, der im Zentrum der Arminnenseite hinunterläuft und in der Kuppe des Mittelfingers endet.

6. Stellen Sie sich bei jedem Ausatmen vor, wie das Qi den Herzbeutelkanal hinunter in die Handfläche fließt. Konzentrieren Sie sich auf den Laogong-Punkt in der Mitte der Handfläche. Das ist der Herzbeutelpunkt Acht.

7. Fangen Sie an, Ihre Gefühle im Bereich der Laogong-Punkte in den zwei gegenüberliegenden Handflächen bewußt wahrzunehmen, während Sie sich weiter entspannen und locker atmen. Sie können verschiedene Gefühle haben – Wärme, Kälte, Prickeln, Schwere, ein Gefühl der Anziehung zwischen den beiden Handflächen und so weiter. Nehmen Sie das Gefühl einfach wahr.

8. Spielen Sie mit der Erfahrung, indem Sie Ihre Handflächen nah zueinander bringen und dann immer weiter voneinander entfernen. Vielleicht möchten Sie mit der Innenfläche der einen Hand über die Außenseite des anderen Armes vom Daumen bis zum Ellbogen streichen. Halten Sie sie etwa zwei bis drei Zentimeter über den Arm. Achten Sie darauf, ob Sie irgenwelche „heißen Punkte" wahrnehmen, an Stellen, wo der Laogong eine Verbindung zu einem Punkt am anderen Arm herzustellen scheint. Ein solches Gefühl könnte an dem Punkt Hegu auftreten (auf dem Muskelhügel zwischen Daumen und Zeigefinger) oder an dem Punkt Quchi, der sich am Ellenbogen befindet.

Während Sie diese einfache Übung machen, beginnen Sie die Wirkung des Qi-Flusses zu erleben, als Hitze, als Kälte oder was auch immer. Vergessen Sie nicht: Das Gefühl ist nicht das Qi, es ist eine Wirkung des Qi.

Nehmen Sie folgende Analogie: Wenn Elektrizität durch einen Draht fließt, stößt sie auf Widerstand. Bei einem stärkeren Widerstand wird der Strom den Draht aufheizen. Die Hitze in dem Draht ist *nicht* die Elektrizität, sondern die *Wirkung* ihres Flusses.

Genauso sollten Sie sich die Erfahrung aus der Übung vorstellen. Was Sie erleben, ist die Wirkung des Qi-Flusses. Es sei betont, daß man keine bestimmte Erfahrung erwarten soll. Die Erfahrungen können variieren, in der Regel tritt jedoch irgendeine Form von Wärme auf.

Wenn Sie regelmäßig Qigong-Übungen machen, wird Ihre Fähigkeit, Ihren eigenen Qi-Fluß oder sogar den anderer Menschen wahrzunehmen, deutlich ansteigen.

DAS ZANG FU-SYSTEM

In diesem Kapitel betrachten wir ein System, das von fundamentaler Bedeutung ist, wenn wir verstehen wollen, wie die chinesische Medizin das Funktionieren des menschlichen Körpers sieht. Wir werden die Grundideen untersuchen, die hinter dem Zang Fu-System stehen. Danach werden wir die einzelnen Punkte genauer durchgehen, und zwar für jedes einzelne Zang Fu-Organ.

Prozeß und Struktur

Als erstem Punkt müssen wir uns dem Unterschied zwischen Prozeß und Struktur zuwenden.

Die Organe des Körpers als physiologische Strukturen
Für den westlichen Verstand ist dieses Konzept so selbstverständlich, daß man sich fragen muß, warum es überhaupt angeführt wird. Es ist jedoch wichtig, das Offensichtliche zu betonen, damit man die Bedeutung des Nicht-Offensichtlichen erkennt.

Die Gabe, die die westliche Anatomie und Physiologie der Welt brachte, ist ein unvorstellbar verfeinertes Bild der Strukturen des materiellen Körpers. Im Rahmen dieser Strukturen werden die einzelnen Organe unter dem Aspekt ihrer Biologie und ihrer Funktion hervorgehoben. So wird z.B. das Herz als eine sehr komplexe und verläßliche Pumpe beschrieben, die den ständigen Fluß des Blutes im ganzen Körper sicherstellt.

Der westliche Zugang zur Medizin beschäftigte sich fast ausschließlich mit dem Versuch, die normale Funktionsweise dieser Strukturen und die Möglichkeiten des Zusammenbruchs der normalen Funktion zu verstehen. Infolgedessen hat Therapie das Ziel, die in ihrer Funktion gestörte Struktur wieder zum reibungslosen Arbeiten zu bringen.

Man sollte sich darüber im klaren sein, daß an dieser Sichtweise des Körpers absolut nichts Falsches ist. Sie hat uns einige bemerkenswerte medizinische Durchbrüche beschert, die noch vor ein paar Jahrzehnten unvorstellbar gewesen wären. Wir werden allerdings entdecken, daß diese „Perspektive des gesunden Menschenverstands" bis zum Zerreißen gedehnt wird, wenn wir beginnen, das chinesische Modell zu betrachten. Es gibt in der Tat eine gute Hilfsregel, die man sich bei der Erforschung der chinesischen Medizin aneignen sollte, nämlich, unsere herkömmliche Weisheit beiseite zu lassen.

Die Erfahrung lehrt, daß die konzeptuellen Probleme, die entstehen, wenn man versucht, die beiden Systeme zu kombinieren, das Verständnis nur behindern.

Die Organe des Körpers als Prozeßabläufe

Der erste Punkt, der in der chinesischen Medizin klar zu Tage tritt, ist, daß fast nichts über die Struktur der Organe gesagt wird. Stattdessen wird unendlich viel darüber gesprochen, welche Rolle das Organsystem im gesamten dynamischen Prozeß des menschlichen Körpers spielt.

Immer steht im Vordergrund, *wie* die Organe das stetige Auf und Ab der Grundsubstanzen im Körper sicherstellen. Krankheit wird als eine Disharmonie im Prozeß gesehen, die gelindert werden muß, nicht als ein „Maschinenschaden", der eine Reparatur erforderlich macht.

Diese Unterscheidung mag wie ein Spiel mit Begriffen aussehen. Ich hoffe aber, daß ihre volle Tragweite deutlich wird, wenn wir die Aufgaben der einzelnen Organe im Prozeß untersuchen.

Was ist Zang Fu?

Der Begriff „Zang Fu" kann als der Sammelname für die Serie von Yin- und Yang-Organsystemen gelten, die in der chinesischen Medizin bekannt sind.

Die Yin-Organe: Zang
Nach der Theorie der chinesischen Medizin besteht Zang aus den fünf massiven (Yin) Organen:

- Milz
- Herz
- Lungen
- Leber
- Nieren

Als sechstes Yin Zang-Organ wird der Herzbeutel genannt. Er hat einen eigenen Qi-Meridian, ist aber in all seinen Zwecken und Funktionen ganz eng mit dem Herzen verbunden.

Allgemein gesprochen werden die Zang-Organe als tiefer im Körper liegend angesehen. Zu ihren Aufgaben gehören die Herstellung, die Lagerung und die Lenkung der Grundsubstanzen.

Die Yang-Organe: Fu
Gemäß der Theorie der chinesischen Medizin besteht Fu aus den sechs hohlen (Yang) Organen:

- Dünndarm
- Dickdarm
- Gallenblase
- Blase
- Magen
- San Jiao (manchmal Dreifacher Erwärmer, bzw. Erhitzer genannt)

Die chinesische Medizin setzt die Fu-Organe näher an der Körperoberfläche an und schreibt ihnen die Funktionen des Aufnehmens, des Trennens, des Verteilens und des Ausscheidens von Körpersubstanzen zu. Die Fu-Organe werden nicht als Speicher angesehen, sondern als Organe, in denen permanente Bewegung und Veränderung stattfindet.

Die Fu-Organe liefern den ersten wirklich interessanten Unterschied zwischen der westlichen und der chinesischen Sichtweise in bezug auf Struktur und Prozeß. Der San Jiao wird in der chinesischen Medizin als ein Organ betrachtet, weil seine Prozesse feststellbar sind. Es gibt aber ganz offensichtlich keine anatomische Struktur, die man als San Jiao identifizieren könnte. In dem Moment, in dem Sie mit dem Konzept des San Jiao etwas anfangen können, können Sie sich darauf verlassen, daß Sie auf dem richtigen Weg zu einem Verständnis der chinesischen Medizin sind.

Die Extra Fu (oder außerordentlichen) Organe
Zusätzlich zu der Haupteinteilung in das Zang Fu kennt das traditionelle chinesische Medizinsystem noch eine Reihe von Organen, die für den Prozeß nicht so wichtig sind, und zwar:

- Gehirn
- Gebärmutter
- Mark
- Knochen
- Blutgefäße
- Gallenblase
  (Anmerkung: Die Gallenblase wird sowohl unter Fu als auch unter Extra Fu eingeordnet – nur um das Bild noch etwas komplizierter zu gestalten!)

An diesem Punkt unserer Erörterung des Zang Fu-Systems ist es sinnvoll, die Funktionen und Prozesse der einzelnen Zang- bzw. Fu-Organe nacheinander zu betrachten. Im Rahmen der Beschreibungen des Zang Fu werden auch einfache Beispiele häufiger Disharmonien der einzelnen Organe gegeben. Sie dienen illustrativen Zwecken und werden vertieft, wenn wir in den folgenden Kapiteln die Disharmonien des Zang Fu genauer untersuchen.

Die Funktionen des Zang

Das Herz

Das Herz lenkt das *Blut*

Diese Aufgabe des Herzens kommt der traditionellen westlichen Sicht am nächsten. Das Herz kontrolliert und regelt den Fluß des Blutes durch die Gefäße des Körpers. Das ist lebensnotwendig, um sicherzustellen, daß jedes Gewebe im Körper hinreichend mit *Blut* versorgt wird. Eine gesunde Herzfunktion schafft gleichmäßige Wärme in allen Körperextremitäten und einen rhythmischen und gleichmäßigen Puls. Ist die Funktion aus dem Gleichgewicht geraten, sind kalte Extremitäten und unnormale Pulsmuster die Folge und in extremen Fällen klassische Schmerzen im Brustbereich, die vom Herzen herrühren.

Zusätzlich hat das Herz die Aufgabe, das aus der Nahrung stammende Qi (Gu Qi) in *Blut* umzuwandeln. Man kann also davon ausgehen, daß eine einseitige Ernährung die Herzfunktion beeinträchtigt.

Der Herzschlag, der das Blut bewegt, wird vom Zong Qi der Brust gefördert, das auch eine Rolle bei der Atmung der Lungen spielt.

Das Herz kontrolliert die Blutgefäße

Die Tätigkeit des Herzens zeigt sich im gesunden Funktionieren der Blutgefäße. In der chinesischen Medizin werden die Gefäße als eine Erweiterung des Herzens betrachtet. Gutes Arbeiten führt zu einem gesunden Kreislauf, unausgewogenes Funktionieren kann z.B. verhärtete Arterien hervorrufen.

Das Herz beherbergt das Shen

Wir haben schon in einem früheren Kapitel darüber gesprochen, daß das Shen in der chinesischen Medizin ein komplexes Konzept mit einer Reihe verschiedener Bedeutungen darstellt. Für uns ist wichtig, daß das Shen die Myriaden von Potentialen repräsentiert, die ein zentrales Merkmal des Menschseins darstellen. Vielleicht läßt es sich am besten als die Kraft beschreiben, die unsere Persönlichkeit formt. Wenn das Herz das Shen unter Kontrolle hat, sind wir in der Lage, die Facetten unserer Persönlichkeit in einer konstruktiven und gesunden Weise zu nutzen. Nimmt das Herz das Shen nicht auf, kann das zu einer ganzen Reihe mentaler und psychologischer Probleme führen. In der chinesischen Medizin wird oft gesagt, daß die Gesundheit des Shen an den Augen abgelesen werden kann!

Das Herz zeigt sich im Gesicht

Es ist die Aufgabe des Herzens, den reibungslosen Fluß des *Blutes* im Körper und in den Gefäßen sicherzustellen. Deshalb gilt es als wichtig, das Funktionieren des Herzens durch einen Blick auf die Gesichtsfarbe abzuschätzen. Bei einem gesunden Herzen ist die Farbe des Gesichts kraftvoll rosig und glänzend, während bei einer geschwächten Herztätigkeit das Gesicht farblos ist. Wenn die Funktion so aus dem Gleichgewicht gerät, daß sich das *Blut* staut, nimmt das Gesicht eine blaue oder purpurne Tönung an.

Das Herz öffnet sich zur Zunge

In der chinesischen Medizin wird oft gesagt, daß „die Zunge der Spiegel des Herzens ist". Obwohl sich auch der Zustand anderer Organe an der Zunge ablesen läßt, tritt die Herztätigkeit am deutlichsten zu Tage – besonders auf der Zungenspitze. Bei einem Mangel an Herz*blut* ist die Zunge blaß, und bei einem Stau des Herz*blutes* hat die Zunge eine purpurne Färbung.

Das Herz kontrolliert den Schweiß

Die chinesische Medizin geht davon aus, daß *Blut* und Körperflüssigkeiten einen gemeinsamen Ursprung haben und daß zwischen ihnen ein permanenter Austausch stattfindet. Zeigt also ein Patient eine abnormale Schweißabsonderung, dann muß überlegt werden, welche Rolle das Herz dabei spielt.

Das Herz bewahrt die Freude

Das Gefühl, das im chinesischen System mit dem Herzen in Verbindung gebracht wird, ist die Freude. Das Ausmaß, in dem eine Person in ihrem Leben angemessene Freude zeigt, spiegelt die Gesundheit der Herzfunktion wider. Wie alles in der chinesischen Medizin werden Gefühle als etwas Ausbalanciertes aufgefaßt, nicht als etwas ins Extrem Ausschlagendes. Deshalb kann eine Tendenz, freudigen Gefühlen allzustarken Ausdruck zu verleihen, genauso als Disharmonie betrachtet werden wie eine überaus negative und pessimistische Haltung.

Die Milz

Die Milz verwaltet Transport und Umwandlung

Die chinesiche Medizin hält die Milz für das primäre Verdauungsorgan. Die Milz entzieht der Nahrung im Magen die Nährstoffe (Gu Qi), die die Grundlage für Qi und *Blut* bilden. Sie transportiert sie zu den Lungen und zum Herzen, damit sie dort in Qi und *Blut* umgewandelt werden. Eine gesunde Milz bedeutet einen guten Appetit, eine gute Verdauung, Energie und einen guten Muskeltonus. Gerät die Funktion der Milz aus dem Gleichgewicht, führt das zu Müdigkeit, Blähungen im Unterleib, schlechter Verdauung und Durchfall. Außerdem transformiert und transportiert die Milz Flüssigkeiten im ganzen Körper. Bei einem Ungleichgewicht der Milz kommt es zu einem Stau der Körperflüssigkeiten und damit zu innerer Feuchtigkeit, die sich als Ödeme, Fettleibigkeit und Störungen des Schleimhaushalts äußern kann.

Die Milz hält das Blut

Die Milz hat die Aufgabe sicherzustellen, daß das *Blut* kontrolliert in den Blutgefäßen fließt. Das ist etwas anderes als die Funktion des Herzens, das dafür sorgt, daß das *Blut* fließt, das heißt, daß es „gepumpt" wird. Gerät die Milztätigkeit aus dem Gleichgewicht, kann es zum Austreten von *Blut* kommen. Das zeigt sich als Blut im Stuhlgang oder im Urin oder in einer Tendenz zu blauen Flecken. Auch Krampfadern lassen sich zu den von der Milz verursachten Störungen rechnen.

Die Milz beherrscht die Muskeln und die Glieder

Es gehört zu den Aufgaben der Milz, das verfeinerte Qi durch den Körper zu befördern. So wird dafür gesorgt, daß Muskeln und Glieder in guter Spannung und Form bleiben. Mangelt es an Milz-Qi, dann stärkt das verfeinerte Qi das Fleisch nicht richtig, mit dem Resultat, daß die Muskeln müde, dünn und schwach werden. Bei allen Zuständen von Müdigkeit ist es wichtig, mit der Milz zu arbeiten.

Die Milz öffnet sich zum Mund und zeigt sich an den Lippen

Der Mund spielt eine Schlüsselrolle bei der Vorbereitung der Nahrung für die Verdauung und hat in der chinesischen Medizin eine enge Beziehung zur Milz. Bei einer gesunden Milz ist der Geschmackssinn scharf, und die

Lippen sind feucht und rosig. Bei einer Milz-Disharmonie ist der Geschmackssinn getrübt, und die Lippen sind blaß und trocken.

Die Milz kontrolliert den Aufstieg des Qi

Ein generelles Merkmal der Milztätigkeit ist, daß sie die Energie des Körpers von der Körpermitte aus anhebt. So hält die Milz die inneren Organe an ihrem Platz.

Eine Milz-Disharmonie kann zu Organvorfällen und einem Ungleichgewicht der Funktionen führen, u.a. mit der Konsequenz von Durchfall.

Die Milz beherbergt das Denken

Als Folge ihrer hebenden Funktion fällt der Milz die Rolle zu, klare Energie in Kopf und Gehirn zu schicken. Die Folge davon ist eine Klarheit des Denkens, die für ein Gefühl von Leichtigkeit und Wohlsein sorgt. Auf diese Weise ist die Fähigkeit, klar zu denken und sich zu konzentrieren, von einer guten Funktion der Milz abhängig.

Gerät die Milz aus dem Gleichgewicht, dann mangelt es an klarer Energie, die den Kopf erreicht. Das führt zu unkonzentriertem und manchmal gestörtem Denken. Daraus kann eine psychologische Blockade entstehen, so daß es in allen Lebenbereichen schwierig wird, Entscheidungen zu fällen und vorwärts zu kommen. Die logische Folge: Wenn ein Mensch in einer Situation steckt, die übermäßige Konzentration und Denkarbeit erfordert (z.B. ein Student vor dem Examen), dann kann das umgekehrt die Milz schädigen und Müdigkeit und Lethargie zur Folge haben.

Die Nieren

Die Nieren speichern das Jing und beherrschen Fortpflanzung, Wachstum und Entwicklung

Wir haben schon herausgestellt, daß das Jing die Grundsubstanz des Lebens ist und in den Nieren gespeichert wird. Es ist zum Teil von unseren Eltern ererbt und zum Teil verfeinerte, der Nahrung entzogene Essenz.

Das Jing bestimmt unsere konstitutionelle Stärke und ist ein Grundbestandteil unseres Körpers. Insbesondere stellt es die Grundlage des Wachstums und der Entwicklung im Verlauf der Kindheit sowie der normalen sexuellen und reproduktiven Funktionen dar.

Gerät das Nieren-Jing in irgendeiner Weise aus der Balance, dann kann das verlangsamtes Wachstum, Lernschwierigkeiten, Unfruchtbarkeit, Sexualstörungen und vorzeitiges Altern bedeuten.

Die Nieren produzieren Mark, füllen das Gehirn, beherrschen die Knochen und stellen *Blut* her

Es gibt eine ganze Reihe von Zusammenhängen zwischen diesen augenscheinlich so verschiedenen Angelegenheiten, die sie alle mit den Nieren in Verbindung bringen. Das Nieren-Jing ist für die Herstellung von Mark verantwortlich. Mark ist in der chinesischen Medizin die Grundsubstanz von Knochen, Knochenmark, Rückenmark und Gehirnmasse. Ein gesundes Nieren-Jing bedeutet deshalb starke Knochen und Zähne und ein effektives Arbeiten des Gehirns.

Gerät die Markproduktion irgendwie aus dem Gleichgewicht, kann das eine ganze Palette von Problemen nach sich ziehen, darunter Ohrgeräusche, Sehstörungen, unausgeglichenes Denken und Schmerzen im unteren Rücken. Das Mark spielt auch eine Rolle bei der Erzeugung von *Blut*, deshalb kann eine gestörte Nierentätigkeit auch zu *Blut*-Mangel führen.

Die Nieren erhalten die Lebenspforte (Das Feuer von Ming Men)

Nach der chinesischen Medizin ist das Feuer von Ming Men die Quelle aller Hitze im Körper. Die Erhaltung dieses essentiellen Feuers steht für den Yang-Aspekt der Nierentätigkeit. Mangelt es an Nieren-Yang-Energie, wirkt sich das auf das Ming Men-Feuer aus, mit dem Ergebnis allgemeiner Kälte, Lethargie, einer Schmälerung der Sexualfunktion und – über eine Schädigung der Milz – schlechter Verdauung.

Die Nieren steuern das Wasser

Eine zentrale Aufgabe der Nieren ist die Regelung des Flüssigkeitsgleichgewichts im Körper. Die Nieren beherrschen den unteren Jiao, oft „Entwässerungsgraben" genannt. Deshalb läßt sich ihnen die Funktion der Beseitigung aller Arten von verbrauchten Flüssigkeiten aus dem Körper zuordnen.

Wenn die Nieren gut arbeiten, sind sie in der Lage, die klaren Flüssigkeiten zurück zur Lunge zu senden und die verschmutzten durch die Blase auszuscheiden. Ist diese Tätigkeit nicht ausbalanciert, kann das zu einer ganzen Reihe von Problemen im Harnfluß führen.

Die Nieren kontrollieren die Aufnahme von Qi

Diese Funktion zeigt die harmonische Beziehung zwischen Nieren und Lungen. Die Lungen schicken das Qi nach unten, und die Nieren haben die Aufgabe, das Qi unten zu halten und so den gesunden Atmungsvorgang zu ermöglichen.

Bei einem Ungleichgewicht in der Nierentätigkeit kann es vorkommen, das das Qi rebelliert und nach oben drängt. Das zieht Atembeschwerden und in extremen Fällen chronisches Asthma nach sich. Aus diesem Grund spielen die Nieren in der chinesischen Medizin eine sehr wichtige Rolle für die Gewährleistung gesunden Atmens.

Die Nieren öffnen sich zu den Ohren

Die Ernährung der Ohren hängt vom Nieren-Jing ab. Besteht aus irgendeinem Grund ein Mangel, kann das Ohrgeräusche und Taubheit bedeuten. Da das Jing im Alter weniger wird, ist es einleuchtend, daß ältere Menschen oft Probleme mit dem Gehör bekommen.

Die Nieren zeigen sich im Haar

Auch die Ernährung der Haare hängt vom Nieren-Jing ab. Läuft alles normal, dann ist das Haar gesund und glänzend. Ein Mangel an Nieren-Jing bringt stumpfes, lebloses und sprödes Haar mit sich und außerdem vorzeitiges Ergrauen und Haarausfall.

Die Nieren beherbergen den Willen und kontrollieren die Angst

Die Nieren gelten als die Verbindung zwischen der Willenskraft und dem Gefühl der Angst. Sie werden als die Wurzel des Lebens betrachtet. Deshalb finden unsere Gefühle persönlicher Kraft und unser Erfolgswille ihre Quelle in einer gesunden Nierentätigkeit.

Konsequenterweise hat eine mangelhafte Nierenfunktion Gefühle von Schwäche und Ängstlichkeit zur Folge – die Unfähigkeit den Grundanforderungen des Lebens ins Gesicht zu sehen.

Die Lungen

Die Lungen beherrschen Qi und Atmung

Die wichtigste Aufgabe der Lungen ähnelt der Funktion der Lunge im westlichen System, unterscheidet sich aber auch davon. Die Lungen steuern das Einatmen reinen Qis aus der Luft und das Ausatmen des unreinen Qi. Der entscheidende Unterschied liegt in der chinesischen Ansicht, daß das Qi, das wir aus der Luft aufnehmen, wichtig ist, nicht der bloße Sauerstoff. Wenn die Lungen einwandfrei arbeiten, ist der Atemrhythmus glatt und regelmäßig.

Die Beherrschung des Qi hat noch einen zweiten Aspekt, der in der Rolle der Lungen bei der Bildung des Qi liegt, das wir im Körper nutzen. Die Milz schickt das der Nahrung entzogene Qi nach oben in die Lungen, wo es sich mit dem reinen Qi aus der Luft verbindet, um das sogenannte Zong Qi zu bilden. Das ist der Aspekt des Qi, der sicherstellt, daß die Lungen das Qi in alle Teile des Körpers verteilen helfen. Entsteht in den Lungen ein Ungleichgewicht, kann das allgemeine Symptome von Qi-Mangel nach sich ziehen, die sich auf den ganzen Körper auswirken und allgemeine Schwäche und Müdigkeit hervorrufen.

Die Lungen kontrollieren Verteilung und Abwärtsbewegung

Die Lungen verteilen Abwehr-Qi (Wei Qi) und Körperflüssigkeiten überall in den äußersten Körperschichten.

Bei gesunden Lungen sorgt dieser Vorgang für eine gleichmäßige Körpertemperatur und schützt den Körper vor dem Eindringen äußerer krankheitserzeugender Faktoren wie Kälte, Wind und Feuchtigkeit. Bei schwachem Lungen-Qi wird der Körper zu Krankheiten neigen. Wenn wir uns beispielsweise „eine Erkältung einfangen", ist wahrscheinlich unser Lungen-Qi erschöpft und macht es der Kälte möglich, in den Körper einzudringen. Das Organ, das davon am unmittelbarsten betroffen ist, ist natürlich die Lunge. Was die Körperflüssigkeiten angeht, so kontrollieren die Lungen die gesunde Schweißabsonderung. Tritt abnormales Schwitzen auf, sind wahrscheinlich die Lungen angegriffen.

Die chinesische Medizin schildert die Lungen als das oberste Zang-Organ im Körper. Deshalb wird gesagt, es sei die natürliche Aufgabe der Lungen, zu senken. Die Lungen schicken das Qi hinunter zu den Nieren (das niedrigste Zang-Organ), wo es „unten gehalten" wird. Diese Dynamik zwischen Lungen und Nieren ist für eine gesunde Atmung lebensnotwendig. Ist diese senkende Funktion gestört, führt das unter Umständen zu Problemen im Brustbereich, wie Husten, Blutandrang und sogar Asthma.

Darüber hinaus senden die Lungen Körperflüssigkeiten hinunter zu den Nieren, wo sie in reine und unreine Substanzen getrennt werden. Gesunde Lungen sichern einen gesunden Flüssigkeitsstoffwechsel, während es bei einer aus dem Gleichgewicht geratenen Lungenfunktion zu Schwellungen und Ödemen kommt, die im oberen Teil des Körpers, hauptsächlich im Gesicht auftreten.

Die Lungen regulieren den Wasserkreislauf des Körpers

Wie oben bereits erörtert, sorgen die Lungen mit für eine gesunde Verteilung der Körperflüssigkeiten. Eine unausgewogene Lungenfunktion kann zu Harnverhaltung führen.

Die Lungen kontrollieren Haut und Haare

Wir haben bereits die entscheidende Rolle beschrieben, die die Lungen für die Sicherstellung eines reibungslosen und effektiven Qi-Flusses bis in die abgelegensten Regionen des Körpers spielen. Deshalb wird in der chinesischen Medizin davon ausgegangen, daß die Lungen starken Einfluß auf die Haut und die Schweißdrüsen ausüben. Bei einer gestörten Balance der Lungen kann es zu trockener und rauher Haut kommen. In der chinesischen Medizin werden Hautprobleme immer als Beweis für eine Lungen-Disharmonie angesehen. Hier sei angemerkt, daß die chinesische Medizin viel über die beobachteten Zusammenhänge zwischen Hautallergien und Lungenallergien – beispielsweise Asthma und Ekzeme – zu sagen hat.

Was die Haare betrifft, so kontrollieren die Lungen den Zustand der gesamten Körperbehaarung. Das Kopfhaar wird, wie gesagt, mit der Funktion der Nieren in Verbindung gebracht. Die Gesundheit der allgemeinen Körperbehaarung steht in einer engen Beziehung zum Zustand der Haut.

Die Lungen öffnen sich zur Nase

Die Nase gilt als die Öffnung der Lungen. Deshalb bestimmt der Zustand der Lungen, wie klar die Nase und wie scharf unser Geruchssinn ist. Es ist logisch, daß durch ein Ungleichgewicht in der Lungentätigkeit auch diese Faktoren beeinträchtigt werden.

Die Lungen geben uns ein Gefühl der Verbundenheit mit der Welt

Die Theorie der chinesischen Medizin hält die Lungen dafür verantwortlich, in welchem Ausmaß wir gesunde und aufbauende Verbindungen zu der Welt schaffen, in der wir leben. Mit gesunden Lungen können wir unserem Umgang mit anderen Menschen Strukturen geben. Bei einer aus dem Gleichgewicht geratenen Lungenfunktion kann es zu einem Gefühl der Entfremdung kommen.

Das Gefühl, das besonders mit den Lungen in Verbindung gebracht wird, ist die Trauer. Gehen wir mit Verlust und Wandel in einer gesunden Weise um, dann kann die Trauer, die wir empfinden und erleben, kontrolliert und hilfreich sein. Bei unausgewogener Lungentätigkeit haben wir unter Umständen große Schwierigkeiten, Trauerarbeit zu leisten und mit Veränderungen zurechtzukommen.

Die Leber

Die Leber speichert *Blut*

Eine Hauptfunktion der Leber ist die Regulierung der zirkulierenden *Blut*-Menge. Braucht der Körper eine stärkere *Blut*-Zirkulation, wird die Leber *Blut* freigeben. Braucht der Körper weniger *Blut*, gehört es zu ihrer Aufgabe, den Überschuß zu speichern, bis er wieder gebraucht wird. Arbeitet die Leber einwandfrei, ist der Körper gut mit *Blut* versorgt und wird gesund, stark und geschmeidig sein. Arbeitet die Leber nicht mehr ausgewogen, kann das Schwäche und Steifheit nach sich ziehen.

Aufgrund der Rolle, die die Leber für die Speicherung und Abgabe von *Blut* spielt, wird sie bei Frauen in engem Zusammenhang mit der Menstruation gesehen. Viele gynäkologische Probleme werden mit der Leber in Verbindung gebracht.

Die Leber kontrolliert den reibungslosen Fluß des Qi

Das ist eine der mit Abstand wichtigsten Aufgaben der Leber. Der freie Fluß des Qi im ganzen Körper ist entscheidend für die Gesundheit aller Körperfunktionen. Aus diesem Grund wird gestautes Leber-Qi oft mit vielen anderen beobachtbaren Disharmonien in Zusammenhang gebracht. Im klinischen Bereich ist das vielleicht die häufigste Disharmonie, die ein Fachmann für chinesische Medizin erleben wird. Die Probleme, die von gestautem Leber-Qi herrühren, werden in einem späteren Abschnitt des Buches genauer erörtert.

Die glättende und den Fluß fördernde Funktion der Leber wird auch auf die Harmonisierung der Emotionen ausgedehnt. Gibt es im Gefühlsbereich einen Stau, können daraus Wut und Frustration entstehen.

Die Leber kontrolliert die Sehnen

Das Konzept der „Sehnen" deckt in der chinesischen Medizin Bänder, Sehnen und ihr Zusammenspiel mit den Muskeln ab. Deshalb gilt die Leber als bedeutendes Organ, wenn es um unsere Bewegungsfähigkeit und Flexibilität geht. Die Kapazität der Sehnen, sich effektiv auszudehnen und zu kontrahieren, hängt von der Ernährung durch das *Blut* aus der Leber ab, die ihrerseits den reibungslosen Fluß des Qi erfordert.

Die Leber zeigt sich in den Nägeln

Die chinesische Medizin ordnet die Nägel den Sehnen zu, daher die Verbindung zur Leber. Ist das *Blut* aus der Leber gesund, dann sind die Nägel stark und feucht. Gibt es mit dem Leber-*Blut* ein Problem, erzeugt das wahrscheinlich dünne, brüchige und farblose Nägel.

Die Leber öffnet sich zu den Augen

Die Augen benötigen das *Blut* der Leber, um klar sehen zu können. Daher gelten Zustand und Gesundheit der Augen als abhängig von der gesunden Arbeit der Leber. Ist das *Blut* der Leber geschwächt, kann das zu einer Reihe von Störungen im Bereich der Augen führen.

Die Leber als Kontrollorgan

In der chinesischen Medizin ist die Leber das Zang-Organ, das uns hilft, in allen Bereichen unseres Lebens die Kontrolle zu behalten. Mit einer ausbalancierten, gut arbeitenden Leber können wir Ereignisse wirkungsvoll kontrollieren und auf plötzliche Veränderungen überlegt und beweglich reagieren. Auf der anderen Seite haben wir bei einer unausgeglichenen Lebertätigkeit eine Tendenz, entweder überkontrolliert, rigide und unflexibel zu werden oder die Kontrolle zu verlieren. Das kann Wutausbrüche und irrationale Gefühlsreaktionen bedeuten. Bei streßbedingten Störungen sind immer Leberdisharmonien vorhanden.

Der Herzbeutel

In der traditionellen chinesischen Medizin wird der Herzbeutel zwar als Yin-Organ betrachtet, aber nicht zu den fünf wichtigen Zang-Organen gezählt. In der Praxis steht der Herzbeutel in enger Verbindung zum Herzen.

Der Herzbeutel schützt das Herz

Die westliche Medizin betrachtet den Herzbeutel als die schützende äußere Hülle des Herzens. Das hat eine Entsprechung in der chinesischen Medizin, die davon ausgeht, daß der Herzbeutel das Herz vor dem Eindringen krankheitserzeugender Faktoren, wie zum Beispiel hohem Fieber schützt. In so einem Fall würde die Hitze vom Herzbeutel aufgenommen und das Herz als wichtiges Yin-Organ geschützt.

Der Herzbeutel leitet Freuden und Vergnügen

Diese eher vage Funktion des Herzbeutels scheint sich an die Verbindung zwischen dem Herzen und dem Gefühl der Freude anzuschließen. Man muß wissen, daß die chinesische Medizin sowohl ein Zuviel als auch ein Zuwenig an Freude im Leben als einen Fall von Disharmonie betrachtet. Deshalb versucht der Herzbeutel entsprechend seiner Aufgabe als Beschützer des Herzens uns so durch das Leben zu führen, daß wir Freude und Vergnügen in einer ausgewogenen Weise erleben.

Die Funktionen der Fu-Organe

Die Gallenblase

Die Gallenblase speichert die Gallenflüssigkeit

Die Gallenflüssigkeit wird gespeichert und in den Verdauungstrakt abgegeben, um die Verdauung zu unterstützen.

Die Gallenblase beherrscht die Entscheidungsfindung

Die Theorie der chinesischen Medizin geht davon aus, daß die Galllenblase die Fähigkeit gewährleistet, Urteile zu fällen. Ungleichgewichte in der Gallenblase können zu Entscheidungsunfähigkeit führen, oder dazu, daß wir unausgegorene Beschlüsse fassen. Die Gallenblase ist das Partnerorgan der Leber.

Der Magen

Der Magen nimmt Nahrung auf und speichert sie

Der Magen hat die Aufgabe, Nahrung aufzunehmen und die reinen Substanzen zu extrahieren, die er an die Milz abgibt, wo sie zu Gu Qi weiterverfeinert werden. Die unreinen Substanzen gibt er an den Dünndarm weiter, damit sie schließlich ausgeschieden werden.

Das Qi des Magens bewegt sich nach unten

Es gehört zu den natürlichen Funktionen des Magens, das Qi für weitere Prozesse nach unten zu senden. Gerät diese Funktion in irgendeiner Form aus dem Lot, heißt es, daß das Magen-Qi „nach oben rebelliert". Das führt zu Aufstoßen, Schluckauf, Übelkeit und Erbrechen. Der Magen ist das Partnerorgan der Milz.

Der Dünndarm

Der Dünndarm trennt das Reine vom Unreinen

Der Dünndarm übernimmt die teilweise verdaute Nahrung vom Magen. Unter der Kontrolle der Milz wird die reine Substanz herausgelöst und die unreine entweder an den Dickdarm oder an die Blase zur Ausscheidung weitergegeben. Diese Funktion hat der Dünndarm auch für die Körperflüssigkeiten. Der Dünndarm ist das Partnerorgan des Herzens.

Der Dickdarm

Der Dickdarm nimmt das Reine auf und scheidet das Unreine aus

Der Dickdarm empfängt die unreinen Substanzen vom Dünndarm und raffiniert sie ein weiteres Mal, um alle verbliebenen reinen Flüssigkeiten oder Substanzen herauszulösen und die unreinen als Fäzes auszuscheiden. Der Dickdarm ist das Partnerorgan der Lungen.

Die Blase

Die Blase speichert Urin und kontrolliert die Ausscheidung

Die Blase übernimmt die verbrauchten Körperflüssigkeiten von den Lungen sowie von Dünn- und Dickdarm. Unter dem Einfluß der Nieren speichert sie diese und scheidet sie als Urin aus. Die Blase ist das Partnerorgan der Nieren.

Der San Jiao

Der San Jiao regelt die Umwandlung und den Transport der Flüssigkeiten im Körper

Der San Jiao steuert den Wasserhaushalt im Körper. Man könnte ihn mit einem Manager vergleichen, der die Arbeiten seines Teams überwacht.

Der San Jiao regelt den Wärmehaushalt des Körpers

Indem er sicherstellt, daß die Yang-Energie der Nieren angemessen koordiniert wird, trägt der San Jiao dazu bei, das Qi zu bewegen und das Temperaturniveau im Körper zu halten. Diese Aufgabe wird in seinen verschiedenen Namen angesprochen: dreifacher Erwärmer, dreifacher Brenner oder dreifacher Erhitzer. Der San Jiao steht in Beziehung zum Herzbeutel.

Die Funktionen der Extra Fu-Organe

Als hätte man mit den Zang Fu-Organen nicht schon genug zu tun, spricht die chinesische Medizin auch noch von den Extra oder außergewöhnlichen Fu-Organen (manchmal heißen sie auch seltsame Fu-Organe).

Sie stehen den Fu-Organen insofern nahe, als sie für hohl gehalten werden, haben aber Speicherfunktionen, die an die Zang-Organe erinnern. In der Regel speichern sie die Yin-Essenzen des Körpers, also Jing, Mark und *Blut*.

Hier ihre Funktionen in Kürze:

- Der Uterus regelt die Menstruation und unterstützt die Empfängnis. (Das männliche Gegenstück wird im Dan Tien-Bereich lokalisiert und heißt Jing- oder Samenpalast.)
- Das Gehirn speichert Mark. Es ist unter dem Namen „See des Marks" bekannt.
- Das Mark nährt die Knochen und füllt das Gehirn.
- Die Knochen speichern Knochenmark.
- Die *Blut*-Gefäße enthalten das *Blut*.
- Die Gallenblase wird auch zu den Extra Fu-Organen gerechnet, weil sie die Gallenflüssigkeit speichert.

Wir haben die Extra Fu-Organe hier nur der Vollständig-
keit halber aufgelistet und werden nicht näher auf sie ein-
gehen.

DIE URSPRÜNGE DES UNGLEICHGEWICHTS

Nachdem wir das ausgefeilte System beschrieben haben, das die chinesische Medizin anwendet, um den Körper und seine Prozesse zu verstehen, dürfte eines klar geworden sein: Die Idee, daß sich dieses System in einem dynamischen Gleichgewicht befindet, ist von absolut zentraler Bedeutung. Es wird sowenig von Strukturen und soviel von Prozessen gesprochen, daß das Konzept des Ungleichgewichts nicht mehr ungewöhnlich erscheint.

Die eher mechanistische Perspektive der westlichen Medizin führt uns permanent auf einen gedanklichen Weg, der Krankheit mit etwas gleichsetzt, das irgendeinen Aspekt unseres biologischen Mechanismus zum „Zusammenbruch" gebracht hat. Das führt unausweichlich zu einer Behandlungsstrategie, die sich in erster Linie auf das beschädigte „Teil" konzentriert. Nun gibt es Gelegenheiten, bei denen diese Sichtweise angebracht ist und nützliche und wirkungsvolle Behandlungen hervorbringt. Aber sie schafft auch ein psychologisches Schema, das sich gelegentlich als unproduktiv erweist.

Die chinesische Medizin andererseits beginnt damit, sich Krankheit als etwas vorzustellen, das aus Einflüssen entsteht, die die Harmonie und die Balance des ganzen Energiesystems gestört haben. Und obwohl diese Einflüsse symptomspezifisch erscheinen mögen, werden wir dazu aufgefordert, nie das „ausbalancierte Ganze" aus den Augen zu verlieren. In diesem Kapitel werden wir die

Einflüsse betrachten, die die chinesische Medizin im Falle einer Krankheit für bedeutsam hält.

Um die Argumentation zu erleichtern, werden die Ursachen der Disharmonie in drei weitgefaßte Bereiche eingeteilt:

- innere Ursachen
- äußere Ursachen
- andere Ursachen

Die inneren Ursachen für Disharmonie

Die Erörterung des Zang Fu-Systems im vorhergehenden Kapitel dürfte deutlich gemacht haben, daß die chinesische Medizin nicht nur von einem Einfluß der inneren Organe auf die physischen Funktionen des Körpers ausgeht, sondern auch auf die psychischen und spirituellen. Die wichtigsten inneren Ursachen einer Disharmonie sind nach chinesischer Ansicht psychologischer Natur und werden als die sieben Emotionen bezeichnet. Diese sieben Emotionen sind:

- Wut
- Freude
- Traurigkeit
- Kummer
- Schwermut
- Angst
- Furcht

Zwischen einigen dieser Gefühle gibt es deutliche Überschneidungen, und bei einigen Paaren ist die Unterscheidung mehr eine Frage des Grades, beispielsweise

Traurigkeit und Kummer oder Angst und Furcht. Wie immer kümmert sich die chinesische Medizin nicht um exakte Abgrenzungen der Gefühle, und Überschneidungen werden nicht als problematisch angesehen.

Wenn wir uns auf die Entsprechungen der fünf Elemente beziehen, lassen sich die Emotionen dem Organsystem folgendermaßen zuordnen:

Emotion	Zang	Fu
Wut	Leber	Gallenblase
Freude	Herz	Dünndarm
Traurigkeit		
Kummer	Lungen	Dickdarm
Schwermut	Milz	Magen
Angst		
Furcht	Nieren	Blase

Betrachtet man also das Verhältnis der Emotionen zu den fünf Zang-Organen und ihren Fu-Partnern, dann werden die sieben Emotionen im Endeffekt wie fünf behandelt.

Natürlich liegt das Erleben von Gefühl in der menschlichen Natur, und in der chinesischen Medizin sind diese Emotionen genauso wichtig für den Erhalt der Gesundheit wie für die Erzeugung möglicher Krankheiten. Das ist immer eine graduelle Frage. Existiert in irgendeinem Bereich ein Überschuß oder ein Mangel an Gefühlsausdruck, wird das wahrscheinlich eine Disharmonie hervorrufen. Die sieben Emotionen gelten nicht als „gut" oder „schlecht". Wichtig ist das Gleichgewicht, das sich im Leben des einzelnen Menschen einstellt. So wird zum Beispiel übermäßige Freude für genauso unausgewogen gehalten wie übermäßiger Kummer, die Disharmonie stellt sich lediglich anders dar.

94

Jetzt werfen wir einen kurzen Blick auf die sieben Emotionen und sehen, wie sie zu Disharmonien führen können.

Wut

Mit Wut ist hier das gesamte Spektrum verwandter Begriffe gemeint, inklusive Groll, Reizbarkeit, Frustration und so weiter. Wut wirkt sich auf die Leber aus, mit dem Ergebnis, daß sich das Leber-Qi staut. Das kann dazu führen, daß die Energie der Leber in den Kopf steigt, was Kopfschmerzen, Schwindel und andere Symptome hervorruft. Langfristig kann das Bluthochdruck nach sich ziehen und Probleme mit Magen und Milz verursachen.

Freude

In der chinesischen Medizin bezieht sich das Konzept „Freude" eher auf einen Zustand der Erschütterung und der übermäßigen Erregung als auf eine mehr passive Vorstellung von tiefer Zufriedenheit. Das in diesem Fall am unmittelbarsten betroffene Organ ist das Herz. Eine derartige Überreizung kann Probleme mit dem Herzfeuer hervorrufen. Das bedeutet Symptome wie Unruhegefühle, Schlaflosigkeit und Herzklopfen.

Traurigkeit und Kummer

Diese Gefühle betreffen in erster Linie die Lungen. Ein normaler und gesunder Ausdruck von Traurigkeit oder Kummer ist ein Schluchzen, das seinen Ursprung in den Tiefen der Lungen hat – man holt tief Atem und preßt mit dem Schluchzen die Luft heraus. Eine Traurigkeit jedoch, die sich nicht löst und chronisch wird, kann eine Disharmonie in den Lungen erzeugen, die das Qi der Lungen schwächt. Das wiederum kann die Aufgabe der Lungen, das Qi zirkulieren zu lassen, stören.

Schwermut

In der chinesischen Medizin gilt Schwermut als Ergebnis übermäßigen Denkens bzw. zu starker mentaler und intellektueller Reizung. Jede Aktivität, die einen großen geistigen Aufwand erfordert, bringt das Risiko einer Disharmonie mit sich. Das Organ, das in diesem Fall den größten Risiken ausgesetzt ist, ist die Milz. Es kann zu einer Schwächung des Milz-Qi kommen, die ihrerseits Sorgen, Müdigkeit, Lethargie und Unfähigkeit sich zu konzentrieren nach sich zieht. Die Tatsache, daß Menschen mit so einem Muster meistens einseitige und unregelmäßige Eßgewohnheiten haben, die ebenfalls die Milz schädigen können, verschlimmert das ganze.

Angst und Furcht

Furcht ist eine normale, für die Anpassung notwendige menschliche Emotion. Wird sie allerdings ein Dauerzustand und es ist nicht möglich, ihre Ursache direkt anzugehen, wird sie wahrscheinlich zu einer Disharmonie führen. Die Nieren sind in diesem Fall das gefährdetste Organ. Bei extremen Angstzuständen kann die Fähigkeit der Nieren, das Qi zu halten, aus dem Gleichgewicht geraten, was zu Bettnässen führt. Das kann speziell bei Kindern ein Problem sein. Das Nieren-Qi kann sich erschöpfen und einen Mangel an Nieren-Yin nach sich ziehen. Das wiederum führt zu Symptomen leerer Hitze wie nächtlichem Schwitzen und einem trockenen Mund.

Die meisten Menschen erleben ein weites Spektrum an Gefühlen von unterschiedlicher Intensität. Manche davon sind angemessen und für die Anpassung sinnvoll, andere weniger. Es ist wichtig, sich des Einflußes dieser Emotionen auf das Gleichgewicht des Qi im Körper bewußt zu sein und zu wissen, wie dieser Einfluß Disharmonien verschärfen kann.

Die äußeren Ursachen für Disharmonie

In der chinesischen Medizin gibt es sechs äußere Ursachen für Disharmonie, die sich auf klimatische Bedingungen beziehen. Man bezeichnet sie abwechselnd als die sechs verderblichen Einflüße, die sechs pathogenen Faktoren oder die sechs äußeren Übel. Es sind:

- Wind
- Kälte
- Feuchtigkeit
- Feuer und Hitze
- Trockenheit
- Sommerhitze

In gemäßigten Klimazonen, wie sie im nördlichen Europa existieren, sind die am häufigsten zu beobachtenden Faktoren Kälte, Feuchtigkeit, Wind und in gewissem Maße Hitze. Dennoch werden wir alle Faktoren einzeln behandeln.

Wind

Wind wird als ein krankheitserzeugender Einfluß mit Yang-Charakter betrachtet. Es wird davon ausgegangen, daß er im Körper ähnliche Merkmale hat wie in der Natur, und zwar besonders folgende:

- Wind verursacht Bewegung.
- Wind verursacht plötzliche Veränderung.
- Wind erzeugt ein Schütteln und Schwanken.

Wind ist ein sehr einflußreicher Faktor. Er dringt in das Körperäußere ein und kann sich mit anderen äußeren Faktoren – besonders Kälte – verbinden, um den Körper zu befallen. Wind-Disharmonien zeichnen sich oft durch ihren plötzliche Beginn aus. Wenn das Wei Qi schwach ist, können Wind und Kälte prompt die Oberfläche des Körpers durchdringen und schnell das „äußerste" der Zang-Organe, nämlich die Lunge befallen. Das führt zu den klassischen Symptomen Niesen, Zittern, fließender klarer Schleim und so weiter. Interessant ist, daß sich bei einem Anhalten der Wind-Kälte-Disharmonie die Kälte-symptome in Hitzesymptome umwandeln – wie Yin sich in Yang verwandelt. Auf diese Weise wechselt die Disharmonie zu Fieber, entzündetem Rachen, trockenem Mund, dickem gelben Schleim und so weiter.

Nach der chinesischen Medizin kann Wind auch in Beziehung zu einer inneren Disharmonie stehen, die in der Regel mit der Leber zu tun hat. Innerer Leber-Wind ist eine sehr viel ernstzunehmendere Disharmonie und kann zu Zuständen wie Epilepsie, Schlaganfall oder der Parkinsonschen Krankheit führen. Der innere Leber-Wind erhebt sich, schüttelt den Körper und läßt ihn erzittern.

Im Rahmen der Entsprechungen der Fünf Elemente ist der Wind dem Frühling zugeordnet, was nahelegt, daß der Mensch im Frühling eher für äußere Wind-Disharmonien empfänglich ist.

Kälte

Kälte gilt als krankheitserzeugender Einfluß mit Yin-Charakter. Ihre Hauptwirkungen:

- Kälte schränkt die Bewegung ein.
- Kälte begrenzt die Wärme im Körper.
- Kälte bewirkt, daß der Körper sich zusammenzieht.
- Kälte kann zu Stagnation führen.

Ein Kälteüberfall findet plötzlich statt und läßt den Menschen mit einem Gefühl von Frösteln, Kopfschmerz und einer Abneigung gegen Kälte zurück. Es kann zu allgemeinen Gliederschmerzen kommen, wahrscheinlich gibt es keinen Hinweis auf Schweiß.

Wenn er nicht behandelt wird, kann ein Kälteüberfall – wie schon erwähnt – die Lungen in Mitleidenschaft ziehen, aber auch den Magen und die Milz. Das führt möglicherweise zu Schmerzen im Unterleib, Erbrechen oder Durchfall. Er kann sich auch auf den Leberkanal auswirken und speziell im Genitalbereich Schmerzen und Unbehagen verursachen.

Innere Kälte ist in der Regel auf ein chronisches Yang-Defizit zurückzuführen, das vielfältige Ursachen haben kann, zum Beispiel, daß man lange Zeit äußerer Kälte ausgesetzt war.

Wie zu erwarten war, wird die Kälte der winterlichen Jahreszeit zugeordnet.

Feuchtigkeit

Feuchtigkeit gilt als ein krankheitsauslösender Faktor mit Yang-Charakter. Das Konzept der Feuchtigkeit hat in der chinesischen Medizin viele Merkmale, die auch mit der Feuchtigkeit in der Umwelt in Verbindung gebracht werden, besonders folgende:

- Feuchtigkeit ist naß.
- Feuchtigkeit ist schwer und haftend.
- Feuchtigkeit verflüchtigt sich nur langsam.

Wenn Feuchtigkeit in den Körper eindringt, bedeutet das Schwerfälligkeit, müde und schwere Gliedmaßen, Verwirrtheit und allgemeine Lethargie. Körperabsonderungen sind eher klebrig und dickflüssig, und die Zunge wird einen zähen Belag haben. Besonders empfänglich für Feuchtigkeit ist die Milz, ihre Transport- und Umwandlungsfunktionen werden dadurch gehemmt. Das kann Blähungen im Unterleib und unter Umständen Durchfall nach sich ziehen. Feuchtigkeit kann die Gelenke in Mitleidenschaft ziehen, was zu Versteifungen speziell morgens beim Aufstehen führt, und es kann zu Schmerzen und Schwellungen kommen, wie bei manchen arthritischen Erkrankungen. Feuchtigkeit tritt gern in Kombination mit Kälte, aber auch mit Hitze auf.

Wird die Milz durch ein Eindringen äußerlicher Feuchtigkeit oder möglicherweise durch einseitige Ernährung geschädigt, kann das einen langfristigeren inneren Feuchtigkeitszustand nach sich ziehen, bei dem es zu einer Ansammlung von Schleim kommt. Innerer „unsichtbarer" Schleim ist in der chinesischen Medizin ein besonderes Problem, das zum Beispiel zu chronischen Schwindelanfällen und Bluthochdruck führt.

Im chinesischen Kalender ist die Feuchtigkeit dem Spätsommer zugeordnet, der eine nasse Jahreszeit sein kann. Es ist aber logisch, daß Feuchtigkeit in jeder Jahreszeit auftreten kann, je nach den örtlichen klimatischen Bedingungen.

Feuer und Hitze

Es ist in der chinesischen Medizin nicht unüblich, die Begriffe Feuer und Hitze austauschbar zu verwenden. Sie gelten als krankheitserzeugende Einflüße mit Yang-Charakter. Die Merkmale dieser Faktoren sind ziemlich offensichtlich:

• Feuer und Hitze sind heiß.
• Feuer und Hitze verursachen Bewegung.
• Feuer und Hitze wirken trocknend.

Feuer und Hitze ziehen eine Fülle von Hitzesymptomen nach sich, darunter Fieber, Entzündungen, gerötete Augen, Aversion gegen Wärme, Hautausschläge und so weiter. Sie wirken austrocknend auf die Körperflüssigkeiten. Beispiele dafür sind trockene Haut, Verstopfung und gelber, spärlich fließender Urin. Feuer und Hitze können auch psychische Störungen verursachen, zum Beispiel Hyperaktivität, innere Unruhe und in schweren Fällen Delirium und Manien. Das liegt daran, daß die Hitze das Shen aus dem Gleichgewicht bringt.

Es kann auch innere Feuer- und Hitzezustände geben. Ein Yin-Mangel, der üblicherweise „leere Hitze" genannt wird, kann eine Reihe von Zang Fu-Organen beeinträchtigen. Dem liegt allerdings in allen Fällen ein Mangel an Nieren-Yin zugrunde.

Feuerzustände werden meistens mit der Leber, dem Magen und den Lungen in Verbindung gebracht. Sie führen dazu, daß das Feuer nach oben schlägt und dabei oft den Kopf befällt. So kann beispielsweise Magenfeuer in akute Zahnschmerzen umschlagen, wenn das Feuer über den Magenkanal zum Gesicht aufsteigt.

Feuer und Hitze werden dem Sommer zugeordnet, dafür ist der Hitzschlag ein gutes Beispiel. Natürlich gibt es klimatische Abweichungen, die darauf Einfluß ausüben. Jedenfalls sind Personen, die in kühlen, feuchten Klimazonen leben, potentiell sehr anfällig für Feuer und Hitze, wenn sie – sagen wir für einen Urlaub – in ein heißes Land kommen und keine ausreichenden Vorsichtsmaßnahmen getroffen haben.

Trockenheit und Sommerhitze

Diese letzten beiden äußeren Einflüße werden wir zusammen behandeln. Sie treten viel seltener auf und sind weniger wichtig als die bereits erörterten. Beide gelten als krankheitserzeugende Einflüsse mit Yang-Charakter.

Zwischen Trockenheit und Hitze besteht ein fließender Übergang, und die Symptome ähneln sich. Bei Trockenheit tritt allerdings das Austrocknen der Körperflüssigkeiten mehr in den Vordergrund. Das kann rissige Haut, trockene Lippen und Nase und einen trockenen Husten mit wenig oder keinem Schleim bedeuten. Die Lungen sind dafür besonders anfällig, speziell dann, wenn die Hitze von einem trocknenden Wind begleitet wird.

Trockenheit wird dem Herbst zugeordnet, aber auch das ist abhängig von der geographischen Lage.

Sommerhitze wird dem Hochsommer zugerechnet und steht ebenso in einem kontinuierliche Übergang zu Feuer und Hitze. Sie wird oft mit sehr heißen und feuchten Klimazonen in Verbindung gebracht, und auf diese Weise kommt das Element Feuchtigkeit ins Spiel. Sie laugt schnell den Fluß von Qi und Körperflüssigkeiten aus und sorgt so für Erschöpfung und Austrocknung.

Wie man sieht, repräsentieren die äußeren Ursachen von Disharmonien die Umwelterfahrungen, die das Leben begleiten. Welchen dieser Faktoren Menschen ausgesetzt sind, hängt von dem Klima ab, in dem sie leben. Dennoch wird das Ausmaß, in dem diese Faktoren Disharmonien hervorrufen, von der allgemeinen Robustheit einer Person und von ihren Verhaltensweisen bestimmt. Keiner von uns kann es vermeiden, sich diesen Einflüssen auszusetzen. Ihre Wirkung auf uns wird aber zu einem großen Teil davon abhängen, wie wir mit uns umgehen.

Weitere Ursachen für Disharmonie

Zusätzlich zu den wichtigsten inneren und äußeren Faktoren, die wir beschrieben haben, gibt es eine Anzahl weiterer Einflüsse, die Beachtung finden müssen. Sie werden im folgenden kurz umrissen.

Konstitutionelle Faktoren

Wir haben schon bei der Betrachtung der Grundsubstanzen gesagt, daß das Energiesystem eines Menschen sowohl vorhimmlisches Qi und Jing als auch im Laufe des Lebens erzeugtes enthält. Unser vorgeburtliches Erbe steht für unsere Konstitution, die von der unserer Eltern abhängig ist. Wenn das vorhimmlische Erbe geschwächt ist, macht das die einzelne Person anfälliger für das ganze Spektrum äußerer und innerer krankheitsauslösender Faktoren.

Wenn wir irgendeine konstitutionelle Schwäche haben, müssen wir besonders darauf achten, daß andere mögliche Ursachen für Disharmonien vermieden oder wenigstens auf ein Minimum verringert werden.

Faktoren, die sich aus dem Lebensstil ergeben

Wir alle wissen um die allgemeinen Belastungen, die unser normales Alltagsleben begleiten, und die westliche Medizin erkennt bereitwillig an, daß diese „Alltagsfaktoren" großen Einfluß auf Gesundheit und Wohlbefinden haben. In ähnlicher Weise trägt die chinesische Medizin der Bedeutung des Lebensstils Rechnung, allerdings liefert sie andere Interpretationen.

Arbeit

Die Art der Arbeit, die wir tun – oder der Mangel an Arbeit, falls jemand ohne Beschäftigung ist – kann einen tiefgründigen Einfluß auf unser Energiesystem ausüben. Übermäßige körperliche Arbeit kann das Qi aus dem Gleichgewicht bringen, und das Heben schwerer Lasten schwächt die Lungen. Übertriebene geistige Aktivität kann die Milz schädigen und einen Yin-Mangel hervorrufen. Ein Mensch, der im Freien arbeitet, ist stärker durch Kälte, Feuchtigkeit, Wind, Hitze und so weiter gefährdet.

Sportliche Betätigung

Die Menge und die Art der sportlichen Aktivitäten, die wir ausüben, kann einflußreich sein, vom Bewegungsmangel, der langfristig Qi-Stauungen verursachen kann, ganz zu schweigen. Wie in allen Bereichen der chinesischen Medizin ist das eine Frage der Balance. Es geht nicht darum, ob eine bestimmte Übung schlecht oder gut ist, sondern darum, ob sie so übertrieben wird, daß sie eine deutliche Disharmonie erzeugen kann. Ein Beispiel: Viele Athleten, die ein extremes Trainingsquantum haben und nach außen hin oft sehr leistungsfähig wirken, sind ausgesprochen empfindlich für Infektionen und Verletzungen. Langfristig können sie sich einen chronischen Qi-Mangel zuziehen, den sie einer Überbelastung der Nieren verdanken. Es fällt auf, daß viele der chinesischen Übungssysteme wie Tai Chi oder Qigong nicht den Aerobic-Charakter vieler westlicher Übungsformen aufweisen. Dennoch bieten sie einen ausgewogeneren Zugang zu sportlicher Betätigung, der mit den Prinzipien der chinesischen Medizin in Einklang steht. Menschen, die solche Übungen praktizieren, zeichnen sich durch gute Gesundheit und Langlebigkeit aus.

Ernährung

Die Ernährung hat in der chinesischen Medizin einen sehr wichtigen Stellenwert. Magen und Milz sind für die Verarbeitung der aufgenommenen Nahrung und für die Extraktion des Gu Qi verantwortlich, das an die Lungen weitergegeben wird und wesentlich zur Qi-Produktion im Körper beiträgt. Wenn die Milz gegen einseitiges und schädliches Essen ankommen muß, wird sie Schaden nehmen – besonders durch Feuchtigkeit – und die Kettenreaktion wird das Qi des ganzen Körpers erschöpfen. Auch die chinesische Art der Diät wird eher von Balance als von bestimmten Ge- oder Verboten bestimmt. Hält ein Mensch eine gesunde ausgewogene Diät ein, bleibt die Milz unversehrt, und das Qi des Körpers reicht aus. Die vielen süßen und haltbar gemachten Lebensmittel, die den westlichen Speiseplan oft dominieren, tragen nicht zu einer solchen Ausgewogenheit bei.

Sexuelle Aktivität

Die chinesische Medizin geht davon aus, daß exzessive sexuelle Betätigung das Nieren-Jing schädigt und langfristige Mangelprobleme zur Folge hat. Allzuviele Geburten können *Blut* und Jing einer Frau in ernstzunehmender Weise erschöpfen. Es gibt eine Reihe von Vorschriften darüber, was als exzessive sexuelle Aktivität aufzufassen ist. Allgemein hebt das chinesische System hervor, daß die Aktivität sich natürlich im Laufe des Lebens verringert.

Unvorhergesehene Ereignisse

Die letzte zu erwähnende Kategorie umfaßt Unfälle und Verletzungen, die je nach Art und Stärke das Qi des Körpers erheblich schädigen können. Auch Seuchen und Epidemien würden die Chinesen hier einordnen, die, obwohl sie in manchen Teilen der Welt ein Problem darstellen, für den Westen kein Thema sind. Aber wir haben eine Menge anderer Probleme wie die Umweltverschmutzung und die Belastung von Nahrungsmitteln, die ohne weiteres in diese Kategorie fallen.

Eine Übung zur Selbsterkenntnis

Dieses Kapitel hat beleuchtet, wie die chinesische Medizin die Disharmonien, die dem Körper zustoßen, betrachtet. Manche haben innere, andere äußere Ursachen, manche sind vermeidbar, andere weniger.

In dieser Übung sind Sie eingeladen, sich selbst, Ihren Lebensstil und Ihre Umwelt zu betrachten und aus der Perspektive der chinesischen Medizin heraus eine Einschätzung über die „Risikobereiche" abzugeben.

Innere Faktoren
Ordnen Sie sich in bezug auf jede der sieben Emotionen auf der folgenden Fünf-Stufen-Skala ein.

1. Ich gehe sehr gut mit diesem Gefühl um.
2. Ich gehe mit diesem Gefühl die meiste Zeit ziemlich gut um.
3. Manchmal gehe ich gut mit diesem Gefühl um, manchmal komme ich überhaupt nicht damit zurecht.
4. Im allgemeinen gehe ich mit diesem Gefühl nicht besonders gut um.
5. Ich komme sehr schlecht mit diesem Gefühl zurecht.

Emotion	Stufe

Freude

Wut

Kummer

Traurigkeit

Schwermut

Angst

Furcht

Vielleicht ist es interessant für Sie, wenn ein Freund oder ein Verwandter – jemand, der Sie gut kennt – ebenfalls eine Einschätzung abgibt. Im Vergleich der Meinungen kann einiges ans Licht kommen!

Betrachten Sie das Gesamtmuster, das sich zeigt. Es gibt Ihnen einen ersten groben Hinweis, wo Disharmonien auftreten können und wo das Zang Fu-System durch innere Faktoren geschädigt werden könnte.

Äußere Faktoren

Betrachten Sie die Umwelt, in der Sie leben. Beziehen Sie das Klima mit ein und jede Art allgemein verbreiteter Verschmutzung und füllen Sie dann die folgende Fünf-Punkte-Skala aus:

1. Diesem Faktor bin ich nie ausgesetzt.
2. Diesem Faktor bin ich kaum ausgesetzt.
3. Diesem Faktor bin ich von Zeit zu Zeit ausgesetzt.
4. Diesem Faktor bin ich ziemlich häufig ausgesetzt.
5. Diesem Faktor bin ich äußerst häufig ausgesetzt.

Äußerer Faktor	Stufe
Wind	
Kälte	
Feuchtigkeit	
Feuer/Hitze	
Trockenheit	
Sommerhitze	
Umweltverschmutzung	
(präzisieren)	

Auf diese Weise verschaffen Sie sich einen Eindruck über die potentiellen äußeren Faktoren, für die Sie empfänglich sind. Wenn Sie dann die Informationen aus diesem Kapitel durchdenken, wissen Sie ungefähr, welche Probleme entstehen könnten, wenn Sie nicht auf sich achten.

Denken Sie über die Antworten nach, die Sie auf diese sehr einfachen Fragen gegeben haben. Wie alle Übungen kann auch diese nicht mehr als einige sehr allgemeine Hinweise geben, auf die Sie vielleicht achten sollten.

Disharmonien im Körper sind weder notwendig noch unvermeidbar. Die taoistische Tradition strebte nach Langlebigkeit, Gesundheit und Wohlbefinden. Ein erfülltes und aktives Leben zu leben und gesund zu sterben erfordert kein Glück, sondern Bewußtheit und Handeln!

DIAGNOSE UND MUSTER

Wer chinesische Medizin praktiziert, ist mit dem Problem konfrontiert, aus den Myriaden von Prozessen, die im Menschen ablaufen, ein sinnvolles Bild zu entwerfen. Wenn Behandlungspläne und -strategien zum Erfolg führen sollen, dann ist es von großer Bedeutung, eine systematische Vorgehensweise zu haben, um all diese Informationen zu ordnen.

Diagnosemethoden

Das Sammeln gültiger und umfassender Daten ist unverzichtbare Voraussetzung für jede Einschätzung, egal ob es sich bei dem Problem um eine geplatzte Leitung, eine Bewerbung, ein kaputtes Auto oder eine Person mit Unwohlsein handelt. Ohne diese Information ist es unmöglich, eine Hypothese über das zu formulieren, was verkehrt läuft, bzw. darüber, was man dagegen tun kann.

Die chinesische Medizin teilt den diagnostischen Prozeß in vier Bereiche ein – die vier Prüfungen:

- Beobachten
- Hören und Riechen
- Befragen
- Berühren

Jeder dieser vier Bereiche fördert Informationen zu Tage, die sich, wenn sie zusammengebracht werden, einem umfassenden Gesamtbild annähern.

Beobachten

Als erstes wird ein Praktizierender der chinesischen Medizin den Patienten beobachten und alles zur Kenntnis zu nehmen, was an dessen physischem Erscheinungsbild von Bedeutung ist. Das ist zum großen Teil etwas, das wir alle immer miteinander machen: Wir geben auf der Basis von beobachteten Fakten intuitive Urteile über die Gesundheit einer Person ab. Zum Beispiel: „Du siehst gut aus heute" oder „Bist du heute nicht ganz auf der Höhe?" und so weiter. Wir registrieren die allgemeine Haltung, die Gesichtsfarbe, den Zustand des Haars einer Person – alles, ohne wirklich darüber nachzudenken. Die chinesische Medizin versucht das ganze systematischer zu tun.

Das physische Erscheinungsbild des Körpers

Ein starker, gesund aussehender Körper hat wahrscheinlich ein leistungsfähiges inneres Organsystem und wird nicht so leicht an einem Mangelzustand leiden wie ein schwacher und zerbrechlicher Körper. Sehr dünne Personen neigen zu *Blut*- und Yin-Mangel, korpulente Menschen tendieren zu Qi-Defiziten und innerer Feuchtigkeit.

Die Art, wie sich eine Person bewegt, kann nützliche Informationen geben. Schnelle und ruckartige Bewegungen lassen einen Überschuß- oder einen Hitzezustand vermuten, während langsame, überlegte Bewegungen Mangel oder Kälte nahelegen.

Der Zustand der Haare informiert uns darüber, wie es den Lungen geht. Wird jemand vorzeitig grau oder kahl, weist das auf einen Mangel an *Blut* und Nieren-Jing hin.

Farbe und allgemeine Erscheinung des Gesichts sind wichtig. Hier sind einige der bedeutenderen Gesichtspunkte:

- Ein bleiches Gesicht voller Linien weist auf chronische Mangelprobleme hin.
- Ein aufgedunsenes weißes Gesicht weist auf einen Qi- oder möglicherweise auf einen Yang-Mangel hin.
- ein gerötetes Gesicht ist ein Hinweis auf innere oder äußere Hitze.
- ausgeprägte Tränensäcke weisen auf eine Nieren-Disharmonie hin.
- purpurfarbene oder bläuliche Lippen lassen gestautes *Blut* vermuten und stehen unter Umständen mit einer ernsten Disharmonie in Zusammenhang.

Der Zustand der Haut kann von Bedeutung sein:

- Trockene Haut weist auf einen Mangel an *Blut* hin.
- Juckende Haut weist auf inneren Leber-Wind hin.
- Geschwollene Haut (Ödeme) kann einen Qi-Stau oder ein Defizit an Nieren-Yang anzeigen.

Die Zunge

Die Beobachtung der Zunge ist eine zentrale Säule der chinesischen Medizin. Wir können diesen wichtigsten Aspekt des „Beobachtens" hier nicht in allen Einzelheiten beschreiben, aber es lassen sich einige allgemeine Aussagen machen.

Die „Geographie" der Zunge spielt eine große Rolle. Verschiedene Bereiche weisen auf den Zustand bestimmter innerer Organe hin (siehe Abbildung Seite 113).

Der Zustand der Zunge in diesen Bereichen gibt Informationen über das Befinden des jeweiligen Organs. Die wichtigen Merkmale der Zunge finden Sie in der folgenden Tabelle:

Merkmal	Bedeutung
blaßrote Zunge	normal
blasse Zunge	Mangelzustand
rote Zunge	innere Hitze
purpurne Zunge	gestautes *Blut*
blau-schwarze Zunge	innere Kälte
dünne Zunge	Mangelzustand
geschwollene Zunge	innere Feuchtigkeit
steife oder verkrampfte Zunge	innerer Wind
zitternde Zunge	Mangel an Milz-Qi
kurze horizontale Sprünge	Mangel an Milz-Qi
Zahnabdrücke seitlich	Mangel an Milz-Qi
schmaler Riß entlang der Mittellinie (nicht bis zur Spitze)	Mangelzustand im Magen
langer, tiefer Riß entlang der Mittellinie (bis zur Spitze)	Herzprobleme
dünner weißer Belag	normal
dicker Belag	Anwesenheit eines pathogenen Einflußes
kein Belag/"geschälte Zunge"	Yin-Mangel
weißer Belag	Kälte (dünner weißer Belag: normal)
gelber Belag	Hitze
mäßig feucht	normal
nasse Zunge	innere Feuchtigkeit
klebriger Belag	Anwesenheit von Schleim
trockene Zunge	Hitze

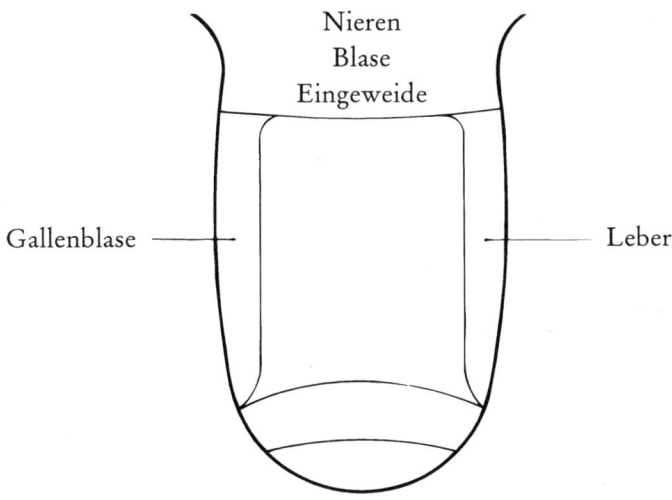

Die „Geographie" der Zunge

Hören und Riechen

Es kann nützlich sein, sich die Stimme des Patienten anzuhören. Eine laute, durchdringende Stimme läßt tendenziell an Überschußzustände denken, während eine leise Stimme eher auf einen Mangelzustand hinweist. Wenn jemand zuviel redet, kann das ein Zeichen von Hitze sein, Redefaulheit hingegen ist ein Zeichen für Kälte.

In ähnlicher Weise gibt die Atmung einer Person Informationen über Überschuß- bzw. Mangelzustände.

Das Ausmaß, in dem Ärzte sich aktiv darauf einlassen, an ihren Patienten zu riechen, ist wahrscheinlich begrenzt – speziell in westlichen Kulturen. Es lassen sich aber einige allgemeine Gesichtspunkte anführen. Ein starker, unangenehmer Geruch weist tendenziell auf einen Hitzezustand hin, das Fehlen jeglichen Geruchs hingegen auf Kälte. Riechen Urin und Fäzes faulig, läßt das die Anwesenheit von Hitze und möglicherweise auch Feuchtigkeit vermuten.

Befragen

Eine Menge Informationen lassen sich sammeln, indem man dem Patienten eine Reihe von Fragen stellt und die Antworten entsprechend den Prinzipien der chinesischen Medizin analysiert. Im Verlauf einer diagnostischen Befragung werden in der Regel verschiedene Aspekte abgedeckt.

Ohren

Die Ohren haben in der chinesischen Medizin eine Verbindung zu den Nieren, und Hörprobleme können unter Umständen eine Nieren-Disharmonie anzeigen. Ohrgeräusche sind möglicherweise ein Beleg für eine Nieren- bzw. eine Leberdisharmonie:

- hohe Töne weisen auf eine Leberdisharmonie hin.
- tiefe Töne weisen auf eine Nierendisharmonie hin.

Augen

Es gibt verschieden potentiell hilfreiche Merkmale der Augen:

- Schmerzen können eine Herz- oder eine Leberdisharmonie anzeigen, oder auf ein Eindringen von äußerem Wind hinweisen.
- Flecken vor den Augen und getrübte Sicht weisen auf einen Mangel an *Blut* hin.
- Druck und/oder Trockenheit können auf eine Nieren-Disharmonie hinweisen.

Nase, Hals und Brust

Diese Körperteile stehen in einer ganz unmittelbaren Beziehung zu Lungen und Herz.

- Schmerzen im Brustbereich weisen auf gestautes *Blut* hin oder – falls sie gemeinsam mit Husten und gelbem, unangenehmen Schleim auftreten – auf einen Anfall von Wind und Hitze.
- Chronische Blockaden und Verstopfungen signalisieren Feuchtigkeit und Schleim.

Rumpf und Unterleib

Die Stellen am Körper, an denen sich ein Schmerz oder ein unangenehmes Gefühl bemerkbar macht, können auf die Beteiligung bestimmter Organe hinweisen.

- Die Rippenbögen (Regio hypochondriaca) stehen mit Leber und Gallenblase in Verbindung.
- Der Oberbauch (Regio epigastrica) weist auf Magen und Milz hin.
- Der untere Unterleibsbereich kann Leber-, Blasen- oder Nierendisharmonien anzeigen.

Der Kopf

In der chinesischen Medizin ist der Kopf die Stelle, wo alle Yang-Kanäle zusammentreffen. Fließt ein Überschuß an Yang-Energie in den Kopf, kann das zu Problemen wie Kopfschmerzen und Schwindel führen. Bei einem Yang-Mangel können Verwirrung und möglicherweise sogar Bewußtlosigkeit auftreten. Eine ausführliche Beschreibung, die sich mit den einzelnen Kanälen und der Rolle der Zang Fu-Organe auseinandersetzt, würde den Rahmen dieses Buches sprengen. Lassen wir es dabei bewenden zu sagen, daß detaillierte Informationen über Disharmonien des Kopfbereichs in der chinesischen Medizin eine große Rolle spielen.

Verdauung

Dieser Fragenbereich kann helfen, die Aufmerksamkeit auf Milz und Magen zu lenken.

- Appetitmangel weist auf einen Mangel im Milzbereich hin, ständiger Hunger dagegen auf Hitze im Magen.
- Schlechter Geschmack im Mund kann auf eine ganze Reihe von Disharmonien hinweisen, üblicherweise von Milz und Magen, aber auch von Nieren und Leber.

Trinken und Flüssigkeiten

Ein sehr eng mit der Ernährung verbunder Bereich ist der Durst eines Menschen. Beachtet werden muß vor allem die Art und die Menge der aufgenommenen Flüssigkeiten. Im allgemeinen gilt:

- Der Genuß kalter Getränke weist auf ein Hitze-Muster hin. Das Umgekehrte gilt für warme Getränke.
- Fehlender Durst läßt eine mit Kälte verbundene Nieren-Disharmonie vermuten.
- Durst ohne den Wunsch zu trinken weist auf Feuchtigkeit und Hitze hin.
- Langsames Nippen weist in der Regel auf einen Yin-Mangel hin.

Die Gedärme

Die Art der Darmbewegungen ist ein wichtiger Indikator für mögliche Disharmonien im Körper:

- Verstopfung kann auf Hitze, Kälte, mangelndes *Blut* oder eine Disharmonie im Bereich der Leber hinweisen.
- Durchfall kann Hitze sowie Milz-, Nieren- oder Leber-Disharmonien anzeigen.

Es ist sehr wichtig, detaillierte und genaue Informationen über die Darmbewegungen zu bekommen.

Die Blase

Auch der Vorgang des Wasserlassens ist von beträchtlicher Bedeutung:

- Probleme beim Urinieren weisen auf eine Nieren- oder Blasen-Disharmonie hin.
- Häufiges Urinieren weist auf mangelndes Nieren-Qi hin.
- Schmerzen beim Urinieren können Stau oder Hitzeprobleme bedeuten,
- Schmerzen nach dem Urinieren weisen auf eine Mangelsituation hin.
- Die Farbe des Urin weist hin auf Kälte bei klarem Urin, auf Hitze bei dunklem und auf Feuchtigkeit bei trübem Urin.
- Extrem schwankende Mengen des abgegebenen Urins weisen auf eine Nieren-Disharmonie hin.

Schlaf und Energiemuster

Die Schlaf- und Energiemuster des Patienten sind Indikatoren für die Gesundheit des Qi, des *Blutes* und des Yin im Körper. Die Art der Schlafprobleme weist auf verschiedene Disharmoniemuster hin:

- Einschlafprobleme stehen mit mangelndem *Blut* in Verbindung.
- Regelmäßiges Aufwachen und Wiedereinschlafen zeigt eine Nieren-Disharmonie an.
- Belastung durch Träume lassen entweder eine Leber- oder eine Herz-Disharmonie vermuten.
- Allzu frühes Aufwachen weist auf eine Gallenblasen-Disharmonie hin.
- Einschlafen am Tag bzw. allgemeine Lethargie und ein niedriges Energieniveau weisen auf eine Milz-Disharmonie oder – wenn das Problem sehr schwerwiegend ist – auf eine Nieren-Disharmonie hin.

Schweiß

Die Merkmale regelmäßigen Schwitzens können viel zur Unterscheidung verschiedener Disharmonien beitragen. Es gibt verschiedene wichtige Faktoren,

beispielsweise die betroffene Körperregion:
- Ausschließlich der Kopf weist auf Hitze im Magen hin.
- Fußsohlen/Handflächen/Brustkorb (der „Fünf-Flächen-Schweiß") weist auf Yin-Mangel hin.

Oder die Tageszeit:
- Schwitzen am Tag weist auf Yang-Mangel hin.
- Schwitzen in der Nacht weist auf Yin-Mangel hin.

Schmerzen

Immer ist es wichtig, etwas über den Ort, die Dauer und die Art des Schmerzes zu erfahren. Auch hier würde eine volle Beschreibung der differentialdiagnostischen Schemata des Schmerzes den Rahmen der Diskussion sprengen, aber im folgenden seien dennoch einige wichtige Aspekte genannt.

Schmerzen aufgrund eines Überschußproblems sind in der Regel akut, scharf und spezifisch. Das kann liegen an:

– dem Eindringen äußerer Einflüsse,
– innerer Kälte oder Hitze,
– gestautem Qi, *Blut* oder Schleim aufgrund einer äußeren Verletzung oder einer Zang Fu-Disharmonie.

Schmerzen, die auf eine Mangelsituation zurückgehen, sind meistens dumpf und eher chronisch und allgemein. Mögliche Ursachen sind:

– Mangel an Qi oder *Blut*.

Der Sitz der Schmerzen gibt Hinweise auf die betroffenen Kanäle, die sowohl für innere als auch für äußere Disharmonien von Bedeutung sein können.

Reaktionen auf klimatische und äußere Faktoren

Dieser Teil der Fragen bezieht sich in Wirklichkeit auf die Wirkung, die äußerliche Hitze, Kälte, Feuchtigkeit oder Wind auf die einzelne Person haben können. Sie können zu einem Verständnis möglicher innerer Disharmonien beitragen.

- Aversion gegen Kälte und Bevorzugung von Hitze läßt ein Kältemuster vermuten oder unter Umständen einen Yang-Mangel (besonders häufig bei älteren Menschen).
- Abneigung gegen Hitze und das Suchen der Kälte weist auf ein Hitzemuster oder vielleicht einen Yin-Mangel hin.
- Aversion gegen Feuchtigkeit bedeutet eine Tendenz zur Feuchtigkeit.
- Aversion gegen Wind kann auf eine Leber-Disharmonie zurückzuführen sein, speziell wenn sie mit einem Leber-Wind verbunden ist.

Emotionale Merkmale

Immer sollte man versuchen, alle Disharmonien festzustellen, die mit dem emotionalen Zustand der einzelnen Person in Zusammenhang stehen. Es wurde ja bereits herausgearbeitet, daß die sieben Emotionen zentral für die Vorstellungen der chinesischen Medizin über das Auftreten von Disharmonien sind. Und ein Verständnis der Gefühlsreaktionen des Patienten kann Fingerzeige in bezug auf jeden möglichen Ort einer Disharmonie und die möglicherweise beteiligten Organe des Zang Fu geben. Besonders ist zu beachten:

- Anzeichen von Angst können auf Herzprobleme und ein gestörtes Shen hinweisen.
- Anzeichen von Depression können auf Lungen- oder Herz-Disharmonie hinweisen.
- Anzeichen von Wut oder Frustration können auf eine Leber-Disharmonie hinweisen.
- Anzeichen schlechter Konzentrationsfähigkeit können auf eine Milz-Disharmonie hinweisen.

– Anzeichen übertriebener Furchtsamkeit können auf eine Nieren-Disharmonie hinweisen.

Merkmale des Lebensstils

Es ist sehr bedeutsam, sich über die Aspekte im Leben des Patienten klarzuwerden, die zu beliebigen Disharmoniemustern beitragen können. Besonders sollten folgende Informationen gesammelt werden:

– Ernährung
– regelmäßige sportliche Betätigung
– Rauchen und Alkoholgenuß
– Familie und Beziehungen
– Beruf und Hobbies
– Konsum von Drogen und Medikamenten (legal oder illegal)

Diese Informationen können dazu beitragen, die Art der vom Patienten präsentierten Disharmonien zu erklären. Ein Beispiel: Spannungen in einer Beziehung können zu Wut und Frustration führen, was wiederum eine Stauung des Leber-Qi hervorrufen kann. In einer solchen Situation könnte ein Behandlungsplan den Hinweis, eine Eheberatung aufzusuchen, einschließen. Eine Akupunkturbehandlung, die – sagen wir – gestautes Leber-Qi in Bewegung bringen soll, würde wenig Sinn machen, wenn die darunter versteckten Ursachen – in diesem Fall die Beziehungsprobleme – nicht angegangen werden.

Gynäkologische Gesichtspunkte

Für die Erstellung eines genauen diagnostischen Bildes ist es bei Frauen wichtig, die gynäkologischen Muster zu untersuchen. Auch das ist ein sehr detailreiches Gebiet, das den Rahmen dieses Buches sprengen würde. Es müßten jedoch folgende Punkte untersucht werden:

- die Regelmäßigkeit des Menstruationszyklus
- die Höhe des Blutverlustes während der Periode
- Farbe und Beschaffenheit des Menstrualblutes
- Schmerzen während der Periode
- auftretende prämenstruelle Symptome (falls vorhanden)
- Weißfluß

Berühren

Der letzte Punkt der vier Prüfungen verlangt vom Arzt, mit dem Patienten auf „Tuchfühlung" zu gehen. Zwei Aspekte des Berührens sind zu beachten: das Abtasten des Körpers und das Fühlen des Pulses. Pulsfühlen ist ein so bedeutender Aspekt der chinesischen Medizin, daß sich darumherum ein Mythos aufgebaut hat, der das Ganze zu einer regelrechten Kunstform erhebt.

Abtasten

Abtasten bezieht sich auf das systematische Befühlen der Körperoberfläche, um mögliche innere oder äußere Disharmonien zu entdecken. Es gibt drei Hauptgesichtspunkte für das Abtasten.

Körpertemperatur. Es kann sich als nützlich erweisen, den Bericht des Patienten über seine Hitze- bzw. Kältegefühle zu überprüfen, indem man die Haut befühlt. Ganz allgemein gilt:

- Fühlt sich die Haut kalt an, legt das eine Kälte-Disharmonie nahe.

– Ist die berührte Haut heiß, dann kann das ein Eindringen äußerer Hitze bedeuten.
– Wird die Haut nach einer gewissen Zeit der Berührung heiß, dann kann das innere Hitze anzeigen, die unter Umständen auf einen Yin-Mangel zurückgeht.

Körperfeuchtigkeit. Auch in diesem Fall kann es nutzbringend sein, die Angaben des Patienten über Schweiß und Feuchtigkeit durch direktes Abtasten zu bestätigen.

– Feuchte Haut kann auf eine Lungen-Disharmonie hinweisen.
– Trockene Haut kann auf einen Mangel an *Blut* oder Körperflüssigkeit hinweisen.

Schmerzen. Man kann einen wichtigen Indikator für Stauzonen bekommen, indem man die Meridiane entlangtastet und nach empfindlichen Stellen sucht – „Ashipunkte" heißen sie in der chinesischen Medizin. Sie können ein lokales Kanalproblem signalisieren oder eine tiefersitzende Zang Fu-Disharmonie. Man sollte jedoch nicht vergessen, daß viele Akupunkturpunkte von Natur aus empfindlich auf starken Fingerdruck reagieren und daher gar nichts über irgendwelche Disharmonien aussagen. Alle Informationen, die durch Abtasten gewonnen werden, können nur zusammen mit allen anderen Gesichtspunkten eines diagnostischen Bildes beurteilt werden.

Der Puls

Wie bereits gesagt, wird dem Pulsnehmen in der chinesischen Medizin allerhöchste Bedeutung beigemessen. Der Akzent liegt dabei auf der Qualität des Pulses an verschieden Stellen des Handgelenks. Es gibt achtundzwanzig unterschiedliche Pulsarten, die an drei verschiedenen Stellen und in drei unterschiedlichen Tiefen am Gelenk jeder Hand fühlbar sind – und jede hat ihre eigene subtile Bedeutungsnuance.

Ein umfassendes Verständnis des Pulses in der chinesichen Medizin zu vermitteln, übersteigt die Möglichkeiten dieses Buches – und nicht nur dieses Buches. Jeder frischgebackene Praktizierende der chinesischen Medizin lernt bald, daß das Verständnis der Pulsarten eine Kunst ist, die viel praktische Erfahrung erfordert. Mit dieser wichtigen Vorbemerkung im Hinterkopf werden wir nun einige Grundaspekte des Pulses in der chinesischen Medizin erforschen.

Pulspositionen. Es gibt drei Positionen nahe beim Handgelenk auf der Speichenschlagader (Arteria radialis). Jede dieser Positionen ist mit einem bestimmten Aspekt der Zang-Organe verknüpft (siehe Abbildung Seite 125 oben).

Pulstiefe. Die Tiefe, in der der Puls fühlbar ist, gilt ebenfalls als wichtig. Es gibt drei Ebenen, und jede von ihnen erfordert einen etwas höheren Druck. Das ist in der Abbildung auf Seite 125, Mitte, bildlich dargestellt.

Pulsfrequenz. Wie in der westlichen Medizin wird die Geschwindigkeit des Pulses gemessen und mit dem Durchschnittswert von 68 bis 75 Schlägen pro Minute verglichen.

Pulsweite. Die Weite des Pulses zwischen den Fingern wird registriert.

Pulsstärke. Wichtige Hinweise dafür, ob eine Überschuß- oder eine Mangeldisharmonie vorliegt, lassen sich aus der Beurteilung der Pulsstärke gewinnen.

Position	Linkes Handgelenk	Rechtes Handgelenk	Energie
Eins	Herz	Lungen	Qi
Zwei	Leber	Milz	*Blut*
Drei	Nieren-Yin	Nieren-Yang	Yin

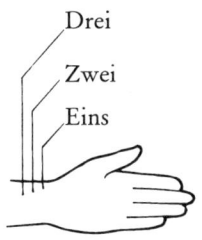

Pulspositionen

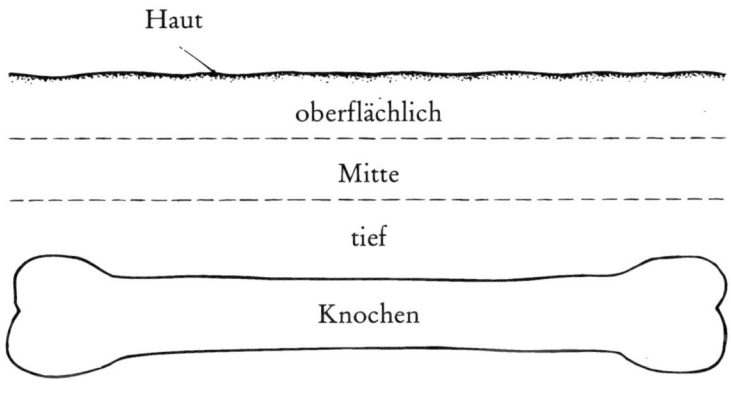

Pulstiefe

Pulsqualität. Der „erfühlte" Puls kann eine Reihe von Eigenschaften aufweisen, die als Indikatoren spezifischer Disharmoniemuster gelten.

125

Pulsrhythmus. Die Gleichmäßigkeit des Pulsflusses und die Art jeder Unregelmäßigkeit werden als wichtig eingeschätzt.

In der folgenden Tabelle werden die Hauptmerkmale der gängigsten Pulstypen aufgelistet. Man sollte sich noch einmal ins Gedächtnis rufen, daß es sich hier um eine vereinfachte Darstellung eines beträchtlich komplizierteren Gegenstandes handelt.

Es ist auch noch anzumerken, daß der Puls einer Person an den verschiedene Positionen und in den verschiedenen Tiefen unterschiedliche Eigenschaften aufweisen kann. Bei einer umfassenden Diagnose muß man außerdem die beobachteten Eigenschaften in Zusammenhang mit dem der jeweiligen Position entsprechenden Organ betrachten.

Es gibt Geschichten über Meister unter den chinesischen Ärzten, die das gesamte Muster der Disharmonie eines Menschen auschließlich aus dem gefühlten Puls herauslesen können. Diese Geschichten sind vielleicht ein wenig zweifelhaft, vielleicht gibt es aber auch ein paar einzigartige Meister, die ein solches Niveau an Fähigkeiten erreicht haben. Für die Mehrheit derer, die chinesischen Medizin praktizieren, ist das Erlernen der Pulsdiagnose ein langsamer und mühevoller Prozeß, der jahrelange praktische Erfahrung verlangt. Letztlich ist der Puls lediglich ein – wenn auch sehr wichtiger – Teil in dem Gesamtpuzzle der chinesischen Diagnose.

Wie man sieht, besteht Diagnose in der chinesischen Medizin aus einem extrem umfassenden und komplexen Sortiment von Prozeduren. Die vier Prüfungen erlauben es dem Arzt, sich ein genaues Bild von der energetischen und physischen Landschaft des Patienten zu machen und anschließend einen umfassenden Behandlungsplan zu entwerfen.

Puls	Charakteristik	Bedeutung
fließend/ oberflächlich	eher an der Oberfläche spürbar, fehlt auf der mittleren und tiefen Ebene	Einfluß eines äußeren Faktors – Kälte, Wind etc.
tief	eher auf der tiefen Ebene spürbar, fehlt auf den oberen Ebenen	innere Disharmonie
schnell	schneller, deutlich über dem Durchschnitt liegender Puls	innere Hitze
langsam	langsamer, deutlich unter dem Durchschnitt liegender Puls	innere Kälte
fadenähnlich/ dünn	fühlt sich unter den Fingern wie ein sehr feiner Faden an, deutlich zu spüren	Mangel an Blut
groß	fühlt sich unter den Fingern voll, aber deutlich an	Überschußlage
leer	ähnelt dem großen Puls, ist aber nicht deutlich fühlbar	Mangel an Blut und Qi
voll	ähnelt dem großen Puls, sehr kraftvoll auf allen Ebenen	Überschußlage
drahtig	straff und deutlich unter den Fingern fühlbar – wie eine Gitarrensaite	Leberdisharmonie
schlüpfrig	„schlüpft" unter den Fingern weg, wie eine viskose Flüssigkeit	innere Feuchtigkeit, Milz-Disharmonie
rauh	fühlt sich uneben an, wie eine bewegte Meeresoberfläche	Mangel an Blut
straff	ähnelt dem drahtigen Puls, aber als ob die Saite schwingt	Überschußlage, Stau
unregelmäßig/ knotig	langsam, kann Schläge in unregelmäßiger Folge auslassen	Disharmonie des Herz-Blutes
unterbrochen	läßt regelmäßig Schläge aus (ernstzunehmend)	Herz-Disharmonie

Pulscharakteristika

Es wird unweigerlich in jeder Diagnose-"Geschichte" einige Zeichen geben, die im Widerspruch zu den aus anderen Ergebnissen abgeleiteten Vermutungen zu stehen scheinen. In der Regel wird das Gewicht der Wahrscheinlichkeiten den Sieg davontragen, und die Entscheidungen fallen auf der Basis der angemessensten diagnostischen Indikatoren.

Disharmoniemuster

Nachdem er im Verlauf des diagnostischen Prozesses einen umfassenden Satz an Informationen zusammengetragen hat, benötigt der Praktizierende der chinesischen Medizin eine Methode, um sie so zu ordnen, daß ein möglichst klares Gesamtverständnis der Energiesituation und der Disharmonien möglich ist.

Es gibt eine ganze Reihe von Ordnungsmustern, die in der chinesischen Medizin benutzt werden können. Dazu gehören:

- die acht Grundmuster
- die Zang Fu-Muster
- das System der Fünf Elemente
- die Meridianmuster
- das System der sechs Stufen
- das System der vier Ebenen

Es ist nicht beabsichtigt, all diese Systeme hier zu erörtern. Die am meisten benutzten Muster sind die acht Grundmuster in der Anwendung auf das Zang Fu-System, das System der Fünf Elemente und die Meridianmuster, besonders im Falle vergleichsweise einfacher äußerer Bedingungen.

Hier werden wir die acht Grundmuster betrachten, und wir werden sehen, wie sie sich auf das Zang Fu-System anwenden lassen (siehe Seite 138), um die Natur innerer Disharmonien genauer zu erfassen.

Viele Akupunkteure benutzen das System der Fünf Elemente, um ihre Diagnose zu organisieren. Dennoch werden wir es in diesem Buch nicht beschreiben. Die acht Grundmuster und ihre Anwendung auf das Zang Fu-System stellen das in China vorherrschende und auch im Westen immer mehr benutzte Modell dar. Leser, die sich für das Modell der Fünf Elemente interessieren, sollten die Bibliographie konsultieren.

Die acht Grundmuster

Die acht Grundmuster bestehen aus vier miteinander in Wechselbeziehung stehenden Merkmalpaaren, und zwar:

- Yin und Yang
- Innen und Außen
- Kalt und Heiß
- Mangel und Überschuß

Diese Arbeit mit bipolaren Eigenschaftspaaren steht in enger Übereinstimmung mit der allgemeinen taoistischen Philosophie, wie sie in einem früheren Abschnitt dieses Buches geschildert wurde. Ganz genau genommen, betrachtet dieses System Yin und Yang als übergeordnete Qualitäten, die die anderen drei Paare in sich vereinigen. Das sieht so aus:

Yin	*Yang*
Innen	Außen
Kälte	Hitze
Mangel	Überschuß

Wir können die allgemeinen Eigenschaften, die sich mit den acht Grundmustern verbinden, in der folgenden Tabelle betrachten.

Man darf niemals vergessen, daß die acht Grundmuster nicht als isolierte Kategorien betrachtet werden. Sie sind lediglich eine systematische Vorgehensweise, um eine Menge von Informationen über ein sehr dynamisches Energiesystem – den menschlichen Körper – zu ordnen. Würden Disharmonien in säuberlich getrennten Abteilungen wie den acht Grundmustern auftreten, dann stünden die Fachleute für chinesische Medizin vor einer vergleichsweise einfachen Aufgabe. Die Wirklichkeit sieht natürlich so aus, daß die Muster immer in Kombinationen auftreten, die sich wie in einem Kaleidoskop verschieben und verwandeln.

Ein Beispiel: Ein Patient zeigt Hinweise auf das Eindringen von Wind-Kälte. Das ist ein äußeres Überflußmuster, bei dem die Kälte vorherrscht. Findet keine Behandlung statt, dann verwandelt sich Wind-Kälte in Wind-Hitze (Yin wird zu Yang). Das ist ein äußeres Überflußmuster, bei dem die Hitze vorherrscht. Es ist möglich, daß der äußere Zustand innerlich wird und dabei vielleicht die Lungen in Mitleidenschaft zieht. Mit der Zeit können die Lungen schwächer werden, und das zieht einen Qi-Mangel nach sich. Auf diese Weise wird aus dem Problem ein inneres Mangelmuster, bei dem wieder der Yin- über den Yang-Aspekt dominiert.

Bestimmte Musterkombinationen treten ziemlich häufig auf, sind aber flüssig und verändern sich mit der Zeit. Es ist daher unbedingt notwendig, daß jeder, der chinesische Medizin praktiziert, die acht Grundmuster flexibel handhabt, um die sich wandelnden Strukturen energetischer Gleichgewichte und Ungleichgewichte nicht aus den Augen zu verlieren.

Grundmuster	Charakteristische Symptome
Innen	Alle Arten von Zuständen. Symptome, die den ganzen Körper betreffen. Das Zang Fu-System ist in Mitleidenschaft gezogen.
Außen	Plötzlicher Beginn, akute Störung. Eindringen äußerer krankheitserzeugender Einflüße – Hitze, Kälte, Feuchtigkeit und so weiter. Störungen in den Kanälen, fließender Puls. Symptome mehr in Kopf und Hals als im ganzen Körper.
Kälte	Blässe, Aversion gegen Kälte, langsame, überlegte Bewegungen, Hitze hilft. Introversion, klarer Urin, Tendenz zu Durchfall, blasse Zunge mit weißem Belag, langsamer Puls.
Hitze	Gerötetes Gesicht, Fieber, schnelle Bewegungen und schnelles Sprechen. Aversion gegen Hitze, Kälte hilft. Durst, dunkler Urin, Tendenz zu Verstopfung. Rötliche Zunge mit gelbem Belag, schneller Puls.
Mangel	Müdigkeit und Lethargie. Schwache und spannungslose Bewegungen. Schwache Atmung, leise Stimme. Druck kann das Unbehagen verringern. Schlechter Appetit, blasse Zunge, leerer Puls.
Überschuß	Schwere Bewegungen, lautes Sprechen und Atmen. Druck erhöht das Unbehagen. Dicker Zungenbelag, großer Puls.
Yin	Kombination der Merkmale von Innen, Kälte und Mangel
Yang	Kombination der Merkmale von Außen, Hitze und Überschuß

Die acht Grundmuster

Die häufiger beobachteten Musterkombinationen werden im folgenden wiedergegeben. In jedem der Fälle spiegelt der Symptomkomplex die Merkmale der Musterkombination wider, immer unter dem Aspekt der übergreifenden Frage, ob in dem Muster Yin oder Yang dominiert. Die verschiedenen Kombinationsmuster sollen hier nicht in allen Einzelheiten beschrieben werden. Einige davon werden in den Fallstudien auftauchen, die wir in einem späteren Abschnitt des Buches präsentieren.

Äußere Kälte (Überschuß)

Das ist eine Verbindung von Yin- und Yang-Mustern, die sich gegenseitig beeinflussen. Die sich daraus ergebenden Symptome werden nicht allzu extrem ausfallen.

Als Toni aufwacht, fröstelt er etwas, und sein Körper tut weh. Seine Nase läuft und sondert dünnen, klaren Schleim ab. Er beschließt, daß es für ihn das beste ist, heute im Bett zu bleiben.

In diesem einfachen Beispiel handelt es sich zwar um ein Überschußmuster, es kann aber ein Wei Qi-Mangel dazukommen, und auf diese Weise kann ein äußeres Mangelmuster entstehen. Das wäre wahrscheinlich ein Fall, in dem die Symptome eher chronisch, aber nicht so stark auftreten. Hätte Toni beispielsweise eine Neigung zu Mangelsituationen, dann hätte er vielleicht das Gefühl, daß diese Symptome ständig kommen und gehen und gelegentlich aufflackern. Das könnte der Typ Mensch sein, den man im allgemeinen als „nicht ganz auf der Höhe" beschreibt und der immer zu kleineren Unpäßlichkeiten neigt. Es können also selbst in einem ziemlich eindeutigen Kombinationsmuster andere Muster auftreten, die das Gesamtbild färben.

Äußere Hitze (Überschuß)

Das ist eine Verbindung zweier Yang-Muster, deren Ergebnis ein starkes Yang-Muster ist. Die Symptome sind wahrscheinlich viel extremer, und die Yang-Merkmale herrschen vor.

Obwohl er den ganzen Tag im Bett geblieben ist, bekommt Toni allmählich einen entzündeten Hals und erhöhte Temperatur. Er schwitzt und wirft dicken gelben Schleim aus. Er fühlt sich lausig und bleibt weiter im Bett.

Wie im ersten Beispiel hängt die Wahrscheinlichkeit, daß sich der Wind-Kälte-Zustand zu einen Wind-Hitze-Zustand entwickelt, von den darunterliegenden Mangelmustern der einzelnen Person ab. Bei den folgenden Mustern geht es um innere Zustände.

Kälte und Überschuß

Das ist die Verbindung zwischen einem Yin- und einem Yang-Muster, was das Gesamtmuster mäßigen wird. Treten Schmerzen auf, dann werden sie durch den Überschußaspekt intensiv sein und empfindlich auf Berührung reagieren.

Dieter hat einen Streifzug durch Mutters Kühlschrank gemacht und einen ganzen Behälter mit Eiskrem leergegessen. Er beklagt sich über starke Schmerzen im Unterleib und mußte mit akutem Durchfall die Toilette aufsuchen.

Wahrscheinlich hat die intensive Kälte der Eiskrem seinen Magen und seine Milz in Mitleidenschaft gezogen und ein Überschuß-Kälte-Muster erzeugt. Dieter wird sich bald erholen und hoffentlich keine übereilten Überfälle auf den Kühlschrank mehr machen.

Kälte und Mangel

Hier handelt es sich um eine Verbindung zweier Yin-Muster, und das Resultat wird deutlichen Yin-Charakter aufweisen. In der medizinischen Praxis zeigt sich das in der Regel als ein Muster chronischen Yang-Mangels, wobei meistens die Milz oder die Niere in Mitleidenschaft gezogen und ein relativer Yin-Überschuß im Körper erzeugt wird. Das kann sich auch in Herz- oder Lungenmustern äußern.

Margarete ist 79 und lebt allein. Ihr Geld reicht manchmal nicht für genügend Heizung und ausreichendes Essen. Sie beschwert sich unablässig darüber, daß ihr kalt sei – selbst bei mildem Wetter – und sie hat wenig oder gar keine Energie, um irgend etwas zu unternehmen. Sie ißt und trinkt sehr wenig und leidet an chronischem Durchfall, besonders früh am Morgen. Ihre Fußgelenke sind geschwollen, und ihr Rücken schmerzt und fühlt sich immer kalt an.

Das ist ein klassisches Beispiel für eine Verringerung des Nieren-Yang im Alter. Es wird in diesem Fall noch durch Margaretes schlechte Ernährung und das Fehlen einer richtige Heizung verschärft. In extremen Fällen sinkt die Yang-Energie im Alter derartig ab, daß Unterkühlung, Koma und Tod folgen.

Hitze und Überschuß

Hier haben beide Muster Yang-Charakter, so daß die sich ergebende Verbindung deutlich Yang sein wird. Im allgemeinen werden sich die klassischen Hitzemerkmale zeigen sowie extrem dominantes Verhalten.

Willi tut sich nicht leicht mit den Fehlern anderer Menschen und wird sehr ärgerlich, wenn die Dinge nicht so laufen, wie er sie geplant hat. Er hatte schon einige extreme Wutanfälle, bei denen er ein stark gerötetes Gesicht bekam und sich über pochende Kopfschmerzen beklagte. Willi war wegen hohen Blutdrucks in medikamentöser Behandlung. Sein Allgemeinarzt warnte ihn, er werde mit einem Schlaganfall enden, wenn er nicht ein bißchen kürzer trete.

Willis Ärger und seine Frustration verursachten einen Stau seines Leber-Qi. Das erzeugt in der Leber innere Hitze, die sich aufbaut und gelegentlich als Leber-Feuer in den Kopf steigt. Willi starb im Alter von 51 Jahren an einem schweren Herzinfarkt.

Hitze und Mangel

Das ist eine Kombination eines Yin- und eines Yang-Musters, in der sich die beiden Muster gegenseitig dämpfen. Im allgemeinen wird dieses Muster als Folge eines Mangels an Yin-Energie betrachtet, was einen relativen Yang-Überschuß bedeutet. Es wird oft „leere Hitze" genannt und ist gekennzeichnet durch „Fünf-Flächen-Schweiß", nächtliche Schweißausbrüche und allgemeine geistige Unruhe.

Paula ist in den Wechseljahren und hat enorme Probleme mit fliegender Hitze und nächtlichen Schweißausbrüchen. Sie beklagt sich über einen ständig nagenden Schmerz im unteren Rückenbereich und fühlt sich immer „auf der Palme", als ob sie jedem für nichts und wieder nichts den Kopf abreißen könnte. Sie neigt zeitweise zu Tränenausbrüchen und Depressionen und schläft schlecht.

Ein Merkmal der Wechseljahre ist der Mangel an Nieren-Yin. Er bringt die Symptome der „leeren Hitze" mit sich, die Paula gerade durchmacht. Darüber hinaus befällt die leere Hitze das Herz und stört das Shen, was die Unruhe und die emotionalen Symptome hervorruft.

Damit haben wir die gängigsten Kombinationsmuster beisammen. Es ist jedoch anzumerken, daß Kombinationen scheinbar entgegengesetzter Muster auch durchaus zusammen auftreten können. Es ist also möglich, daß eine Person mit einem Problem ankommt, das von seiner Art her ein Überschußmuster ist, daß aber zusätzlich ein darunter verborgenes Mangelmuster existiert. Als allgemeine Faustregel kann gelten, daß zunächst alle Überflußmuster behandelt werden, bevor man dazu übergeht, die Mangelmuster zu behandeln.

Wir haben gesehen, daß das Erstellen einer Diagnose und das anschließende „Sortieren" der Informationen ein komplexer, sich ständig im Fluß befindender Vorgang ist. Im Vordergrund steht dabei der Aspekt des Wandels und seine Wirkungen auf die beobachteten Disharmoniemuster. Bei der Planung und Durchführung eines Behandlungsprogramms muß man immer ein Auge auf die komplexe und gelegentlich widersprüchliche Dynamik der Energiemuster des Körpers und ihrer Einflüsse auf die physische Ebene haben.

Eine Übung zur Selbstwahrnehmung

Vielleicht möchten Sie einige dieser Prinzipien austesten, indem Sie Ihre eigenen Erfahrungen mit Krankheiten – den harmlosen wie den weniger harmlosen – aus der Perspektive der acht Grundmuster betrachten. Räumen Sie dieser Übung keine übertriebene Bedeutung ein, denn Sie sind kein ausgebildeter Arzt, und Sie werden nicht in der Lage sein, die komplexen Beziehungen hinter Ihren Disharmoniemustern voll zu erfassen.

Nehmen Sie jetzt trotzdem ein Stück Papier zur Hand und tragen Sie folgende Punkte darauf ein:

- Außen
- Innen
- Kälte
- Hitze
- Mangel
- Überschuß

Betrachten Sie alle Anzeichen und Symptome, an die Sie sich erinnern, und entscheiden Sie, unter welche Kategorie sie fallen. Wenn Sie damit fertig sind, stellen Sie fest, ob irgendein Muster sichtbar wird. Abschließend versuchen Sie herauszufinden, ob bei Ihrer Disharmonie der Yin- oder der Yang-Aspekt dominiert. Sie könnten beispielsweise zu dem Schluß kommen, daß Ihr Problem ein innerer Mangelzustand mit vorherrschendem Yin-Charakter ist.

Sollten Sie zu der Meinung gelangen, daß Sie ein Problem haben, für das Sie Hilfe brauchen, dann gehen Sie zu Ihrem Hausarzt oder nehmen Sie mit einem qualifizierten Fachmann für chinesische Medizin Kontakt auf. Auf Seite 220 finden Sie Adressen, über die Sie detaillierte Informationen erhalten können.

Zang Fu-Muster

Die im vorhergehenden Abschnitt skizzierten Grundmuster stellen einen sehr hilfreichen Weg dar, um diagnostische Informationen zu ordnen. Wendet man sich jedoch den Mustern zu, die das Körperinnere betreffen, dann läßt sich die Beobachtung machen, daß die Yin-Yang-, Kälte-Hitze- und Mangel-Überschußmuster charakteristischerweise in bestimmten festen Strukturen auftreten, die das Zang Fu-System betreffen. Ein weiterer Schritt zur Ordnung der Muster, der sich als nützlich herausstellen könnte, wäre demnach, diese festen Strukuren als Zang Fu-Syndrome zu betrachten. Die Gefahr, die in der Verfestigung von Diagnosen zu Syndromen liegt, bildet die Ursache für die Kritik an der westlichen, mit dem Syndromkonzept arbeitenden Diagnosetechnik. In dem Moment, in dem ein Syndrom identifiziert ist, läuft es Gefahr, zu einem „Ding" gemacht zu werden, das eine Person „hat". Das kann dazu führen, daß der Blick auf die dynamische Natur der energetischen Disharmonien verstellt wird. Um diese Gefahr zu umgehen, werden wir den Begriff „Zang Fu-Muster" benutzen. Das wird uns helfen, die Dynamik des Wandels nicht aus den Augen zu verlieren.

Wird diese Warnung beachtet, dann läßt sich zeigen, daß die Zang Fu-Muster dem Fachmann eine sehr nützliche Ebene der Verfeinerung und Vertiefung der Diagnosetechnik und der Planung eines anschließenden Behandlungsprogramms zugänglich machen. Es gibt weit mehr Zang Fu-Muster, als hier sinnvollerweise behandelt werden können. Deshalb wurde hier für jedes Zang Fu-Organ jeweils eines der gängigsten Muster für eine detaillierte Beschreibung ausgesucht. Wir werden diese Muster unter den folgenden Gesichtspunkten betrachten:

- Welche Hauptanzeichen und Symptome charakterisieren das Muster?
- Wie läßt sich das Muster aus der Sicht der acht Grundmuster analysieren?
- Welche pathologischen Prozesse sieht die chinesische Medizin?
- Welche Faktoren tragen wahrscheinlich zu der Disharmonie bei?
- Wie sehen die Behandlungsgrundlagen der chinesischen Medizin aus?

Behandlungsstrategien werden im siebten Kapitel (ab Seite 159) ausführlicher erläutert werden.

Die Lungen

Die beobachteten Lungenmuster werden in der Tabelle auf Seite 141 zusammengefaßt. Wir werden nun den *Mangel an Lungen-Qi* ausführlich erläutern, weil er ziemlich häufig zu beobachten ist und oft durch krankheitserzeugende Faktoren in der Atmosphäre zusätzlich verschärft wird.

Anzeichen und Symptome. Speziell bei körperlicher Anstrengung tritt Kurzatmigkeit auf, und die Stimme ist allgemein schwach und tonlos. Das Gesicht wirkt zwar leuchtend, ist aber von hell-weißer Farbe, und es tritt eine Neigung zu Schweißausbrüchen während des Tages auf. Dazu kommt ein chronischer Husten mit wässrigem Auswurf. Es finden sich Anzeichen allgemeiner Müdigkeit und Lethargie, und die Person neigt zu Anfälligkeit für kleinere Infektionen und Beschwerden.

Die Zunge ist tendenziell blaß und der Puls schwach, besonders an der Lungenposition.

Pathologische Prozesse. Bei einem Qi-Mangel gelingt es den Lungen nicht, ihre Steuerungsfunktion für die Atmung zu erfüllen. Als Ergebnis kommt es zu Kurzatmigkeit und schwacher Stimme. Das Qi sinkt nicht ab und ruft auf diese Weise Husten hervor. Der wässrige Auswurf ist die Folge der fehlenden Wasserregulierung durch die Lungen. Ein Defizit an Lungen-Qi ist auch gleichbedeutend mit einem Defizit an Wei Qi. Das zieht Schweißausbrüche und eine Anfälligkeit für äußere krankheitserzeugende Einflüsse nach sich. Der leere Puls ist ein Hinweis auf Qi-Mangel.

Mitwirkende Ursachen. Möglicherweise sind auch vorhimmlische Faktoren beteiligt. Vorhimmlisches Qi ähnelt einem Bankkonto, von dem zwar abgehoben, auf das aber nichts einbezahlt werden kann. Ist also das Qi der Eltern geschädigt, zum Beispiel durch Krankheiten wie Tuberkulose oder durch intensiven Tabakkonsum, dann werden die Nachkommen wahrscheinlich ein Defizit an vorhimmlischem Qi haben. Das sorgt für eine Neigung zu einem die Lungen schwächenden Qi-Mangel.

Menschen, die lange Stunden in sitzender Tätigkeit und über einen Schreibtisch gebeugt verbringen, schränken durch diese schlechte Haltung den Qi-Fluß in den Lungen ein, was zu Qi-Mangel führen kann.

Das Problem einer Mangelsituation in den Lungen kann durch das Eindringen von Wind-Kälte bzw. Wind-Hitze beträchtlich verschlimmert werden. Ist das Qi des Körpers nicht stark genug, um die krankheitsauslösenden Faktoren zu vertreiben, dann kann das die Lungen schädigen und einen Qi-Mangel hervorrufen. Hat sich dieser Kreislauf erst einmal etabliert, wächst das Risiko weiterer Einfälle von außen und infolgedessen weiterer Mangelzustände in den Lungen. Auf diese Weise entsteht ein Teufelskreis, der sich zu einem chronischen

Muster	Außen	Innen	Übersch.	Mangel	Hitze	Kälte
Mangel an Lungen-Qi		•		•		•
Mangel an Lungen-Yin		•		•	•	
Trockenheit der Lungen	• oder	•		•		
Eindringen von Wind-Kälte	•		•			•
Eindringen von Wind-Hitze	•		•		• und	•
Eindringen von Wind-Feuchtigkeit	•		•		•	
Blockierung durch Schleim-Hitze		•	•		•	
Blockierung durch Schleim-Feuchtigkeit		•	•		•	•
Blockierung durch flüssigen Schleim		•	•			•

Lungenmuster

Problem von Qi-Mangel auswachsen kann. Es ist sinnvoll anzumerken, daß die Tendenz, bei Infektionen Antibiotika zu verabreichen, die verteilende und absenkende Funktion der Lungen ernsthaft aus dem Gleichgewicht bringen kann, was den Qi-Mangel weiter verschärft.

Auch das Rauchen schädigt die Lungen und führt zu Qi-Mangel (sowie zu Yin-Mangel und anderen Disharmonien der Lungen).

Behandlungsgrundlagen der chinesischen Medizin. Es erweist sich als notwendig, das Lungen-Qi zu stärken. Zusätzlich sollte die Yang-Energie gefördert werden.

Das läßt sich durch die Anwendung von Akupunktur, Moxibustion oder Kräuterpräparaten erreichen. Darüber hinaus ist es wichtig, Gewohnheiten wie Rauchen oder alles Vergleichbare zu meiden. Die Einnahme von Antibiotika ist nicht besonders hilfreich, außer in Fällen besonders schwerer akuter Infektionen. Der Patient kann auch von bestimmten Qigong-Übungen profitieren, die das Qi der Brust stärken.

Das Herz

Die beobachteten Herzmuster werden in der Tabelle auf Seite 145 zusammengefaßt. Der *Stau* von Herz-*Blut* wird ausführlich erläutert. Der Stau von Herz-*Blut* entspricht einer Angina pectoris in der westlichen Medizin. Dieser Zustand läßt sich isoliert und als Teil einer Herzattacke untersuchen.

Anzeichen und Symptome. Es kommt zu Herzklopfen und einem stechenden Schmerz im Brustbereich, der in die Innenbereiche der linken Schulter und des linken Arms hineinzieht. In der Brust kann sich ein Gefühl von

Einschnürung und unter Umständen Kurzatmigkeit einstellen. Die Symptome treten bei körperlicher Anstrengung auf oder verschlimmern sich dadurch. In schweren Fällen färben sich die Lippen und die Nägel bläulich. Die Hände sind häufig kalt und möglicherweise feucht.

Die Zunge hat eine stark dunkelrote oder purpurne Färbung, und es können purpurne Flecken auf dem Zungenkörper auftreten. Der Puls ist meistens knotig.

Pathologische Prozesse. Dieses Muster gilt im allgemeinen als eine Mischung aus einem Mangel- und einem Überschußmuster, da die Stauung des *Blutes* nicht isoliert auftritt, sondern wahrscheinlich die Folge eines Mangels an Herz-Yang oder Herz-*Blut* ist. Manchmal rührt sie von einem Herz-Feuer her, in diesem Fall handelt es sich um ein reines Überschußmuster. Der tatsächliche Symptomkomplex variiert, je nachdem welches Muster zugrundeliegt.

Ein Mangel an Yang-Energie im Herzen bedeutet, daß nicht genug Qi vorhanden ist, um das *Blut* in der Brust zu bewegen. Das *Blut* staut sich, was die beschriebenen Symptome hervorruft. Infolge des Staus erreicht das *Blut* Gesicht, Lippen und Hände nicht. So kommt es zu der bläulich-purpurnen Färbung von Lippen, Zunge und Nägeln. Die fehlende „Bewegungs"-Energie in der Brust läßt den Herzschlag unregelmäßig werden. Das Ganze wird noch durch innere Kälte verschlimmert – Herzklopfen und knotiger Puls.

Mitwirkende Ursachen. Es wird allgemein davon ausgegangen, daß emotionale Faktoren bei der Entstehung eines Mangels an Herz-Qi eine bedeutende Rolle spielen. Das kann im Laufe der Zeit zu einem Mangel an Herz-*Blut* und Herz-Yang führen. Der Mangel an Herz-*Blut* wird unter Umständen auch durch einseitige Ernährung verschärft. Oft wird Angst im Brustbereich „gespeichert". Das kann zu einer Stagnation von Qi und *Blut* in diesem Gebiet führen.

Behandlungsgrundlagen der chinesischen Medizin. Das Behandlungsprinzip ist unterschiedlich, je nachdem ob die Person an einer schweren Attacke von schmerzhafter Stauung leidet oder ob der Zustand weniger akut ist.

Im ersten Fall konzentriert man sich darauf, das gestaute *Blut* in Bewegung zu setzen und die Zirkulation in der Brust zu unterstützen. Wenn die Lage nicht so akut ist, müssen zusätzlich das Herz-Yang und das Herz-*Blut* gestärkt und das Shen beruhigt werden.

In der akuten Phase können Akupunktur und Kräuterbehandlung zur Anwendung kommen. In der eher chronischen Phase kann man sie durch Moxibustion ergänzen, um das Herz-Yang zu stärken.

Qigong-Übungen können in der chronischen Phase dazu beitragen, das Herz zu stärken. Man sollte auch eine angemessene Diät einhalten.

Die Milz

Die beobachteten Milzmuster werden in der Tabelle auf Seite 147 zusammengefaßt. Wir werden den *Mangel an Milz-Qi* ausführlich behandeln. Das ist vielleicht eine der am häufigsten auftretenden Disharmonien innerhalb der chinesischen Medizin. Dieses Muster liegt auch allen anderen Milz-Disharmonien zugrunde und ist deshalb sehr wichtig.

Anzeichen und Symptome. Der Zustand ist durch eine allgemeine Mattigkeit, schlechten Appetit und ein Völlegefühl im Unterleibsbereich gekennzeichnet. Wahrschein-

Muster	Außen	Innen	Übersch.	Mangel	Hitze	Kälte
Mangel an Herz-Qi		•		•		
Mangel an Herz-Yin		•		•		•
Zusammenbruch des Herz-Yang		•		•		•
Mangel an Herz-Blut		•		•		
Mangel an Herz-Yin		•		•	•	
Aufflammen von Herz-Feuer		•	•		•	
Schleim und Feuer erregen das Herz		•	•		•	
Schleim trübt die Herzfunktion		•	•			
Stau des Herz-Blutes		•	• und	•		•

Herzmuster

lich besteht eine Tendenz zu Durchfall, und die Glieder fühlen sich schwer an.

Fehlt es an Milz-Qi, führt das zur Entstehung innerer Feuchtigkeit, die für ein Völlegefühl in Brust und Bauchraum sorgt.

Es kann zu Störungen der Denkprozesse durch schlechte Konzentration kommen. Das wird oft mit den Worten beschrieben, daß man „Watte im Kopf" habe.

Die Zunge neigt zu einer blassen oder leicht rosigen Färbung, und die Seiten weisen in chronischen Fällen gewellte Ränder oder Zahnabdrücke auf. Es können auch querverlaufende Spalten in der Zunge vorhanden sein.

Der Puls ist leer, wie das für einen Qi-Mangel typisch ist. Bei starker Feuchtigkeit kann der Puls leicht schlüpfrig ausfallen.

Pathologische Prozesse. Durch ein Defizit an Milz-Qi gerät die Fähigkeit der Milz, Nahrung aufzunehmen und umzuwandeln, aus dem Gleichgewicht. Das ruft Darmprobleme wie Blähungen und weichen Stuhlgang hervor. Es gelingt der Milz nicht mehr, Gu Qi in die Lungen zu senden, und die gesamte Qi-Produktion des Körpers gerät aus der Balance, was Müdigkeit und Lethargie zur Folge hat.

Die Ansammlung innerer Feuchtigkeit verursacht Dumpfheit in Brust und Bauchraum und kann Übelkeit erzeugen. Aufgrund der Beziehung der Milz zum Denken kann ein Mangel an Milz-Qi schlechte Konzentration und Verwirrung verursachen.

Mitwirkende Ursachen. Einer der Hauptgründe für diese Disharmonie ist einseitige Ernährung. Besonders ein Zuviel an kalten und rohen Speisen bringt die Tätigkeit der Milz aus dem Gleichgewicht, und der Verzehr von

Muster	Außen	Innen	Übersch.	Mangel	Hitze	Kälte
Mangel an Milz-Qi		●		●		
Mangel an Milz-Yang		●		●		●
Absinken des Milz-Qi		●		●		●
Kontrollverlust der Milz über das *Blut*		●		●		
Einfall von Kälte und Feuchtigkeit		●		●	●	
Einfall von Hitze und Feuchtigkeit		●	●		●	

Milzmuster

147

Nahrung mit niedrigen Proteinwerten oder gewohnheitsmäßiges „Diäthalten" erschöpft das Qi noch weiter.

Jede mentale Belastung fordert ihren Tribut von der Milz. Studenten, die viel lernen, erzeugen einen Qi-Mangel. Geistige Arbeit während des Essens hat die gleiche Wirkung.

Ein weiterer Grund für einen Mangel an Milz-Qi entsteht, wenn man zu lange feuchten klimatischen Bedingungen ausgesetzt ist. Menschen, die im Freien in einem kalten, feuchten bzw. in einem künstlich erzeugten feuchten Klima arbeiten, neigen zu einem Defizit an Milz-Qi.

Behandlungsgrundlagen der chinesischen Medizin. Im Zentrum der Behandlung steht die Stärkung des Milz-Qi. Wenn es Hinweise auf die Anwesenheit von Feuchtigkeit gibt, müßte die Therapie auch darauf achten, die Feuchtigkeit aufzulösen.

Akupunktur, Kräutertherapie und Moxbustion können samt und sonders zur Behandlung eines Milz-Qi-Defizits eingesetzt werden.

Um die Milz zu stärken, ist es wichtig, eine ausgewogene, wärmende Ernährung zu fördern, bei der ein Übermaß an kalten, rohen und feuchten Speisen vermieden wird. Bei intensiver geistiger Tätigkeit, die zu einem Qi-Mangel beiträgt, empfiehlt sich eine ausbalancierte Herangehensweise, die körperliche Betätigung und Ruhe fördert.

Die Leber

Die beobachteten Lebermuster werden in der Tabelle auf Seite 151 dargestellt. Wir werden den *Stau des Leber-Qi* ausführlich behandeln. Gestautes Leber-Qi ist eines der verbreitetsten Muster, die Fachleute für chinesische Medizin im Westen beobachten können. Hin und wieder leiden diese Spezialisten selbst an den Auswirkungen dieser Disharmonie.

Anzeichen und Symptome. Es gibt eine ganze Reihe körperlicher und emotionaler Kennzeichen, die mit dem gestauten Leber-Qi in Verbindung stehen.

Es kann zu Spannungen und Unbehagen im seitlichen Oberbauch kommen. Frauen haben vor der Periode unter Umständen Schmerzen und Spannungsgefühle in den Brüsten. Seufzer und Anfälle von Schluckauf können das Unbehagen begleiten.

Es kann eine Tendenz zu Störungen im Bauchraum auftreten: Übelkeit, Erbrechen, Aufstoßen und das Hochwürgen von Nahrung. Diesen Symptomen kann ein Gefühl von „Angst" im Magen zur Seite treten. Es kann zu breiigem Stuhlgang kommen, gelegentlich kann sich die Stauung auch in Verstopfung äußern, wobei der Stuhlgang dann oft die Form „runder harter Bälle" hat.

Mit gestautem Leber-Qi sind normalerweise starke emotionale Spannungen verbunden. Die einzelne Person kann sich depressiv, erregt, angespannt und empfindlich fühlen. Manchmal werden diese Gefühle von einem Unbehagen im Rachenraum begleitet, das gewöhnlich als „Kloß im Hals" bezeichnet wird.

Die Periode ist für Frauen unter Umständen sehr schmerzhaft, das Blut ist dunkelrot und klumpig, und es kommt zu prämenstrueller Gereiztheit.

Die Zunge hat in der Regel eine normale rosa Färbung. Der Puls ist ausnahmslos drahtig, besonders in der Leberposition.

Pathologische Prozesse. Das Leber-Qi neigt dazu, sich in der Bauchseite zu stauen, was durch Seufzer gelockert werden kann. Befindet sich das Zentrum des Staus mehr im Zwerchfellbereich, kommt es häufig zu Schluckauf, der ebenfalls das gestaute Qi in Bewegung setzt.

Die emotionalen Symptome spiegeln in der Regel gespeicherte Wut und Frustration wider. Das liegt daran, daß die Leber das Qi nicht bewegt und damit der Ärger (das zur Leber gehörige Gefühl) nicht freigelassen wird. Dieser Vorgang funktioniert auch in der umgekehrten Richtung: Wenn es im Leben eines Menschen eine Menge Ärger, Frustration und Groll gibt, dann hat das zur Folge, daß das Leber-Qi gestaut wird. Die depressiven Symptome mögen anfangs eine Mangelsituation vermuten lassen. Das ist aber nicht der Fall, da die Depression meistens für gegen das Individuum selbst gekehrte Wut und Frustration steht. Am Ende wird eine „Explosion" die Gefühle herausbringen. Gestautes Leber-Qi wirkt wie ein defekter Dampfkochtopf – früher oder später wird die Ruhe auf dramatische und gewaltsame Weise zerstört.

Die Verdauungsprobleme rühren daher, daß die gestaute Leberenergie in Milz und Magen eindringt und diese Zang Fu-Organe durcheinanderbringt.

Der Kloß im Hals und die Empfindlichkeit der Brüste bei Frauen, die vor der Menstruation stehen, ergeben sich aus der Tatsache, daß die Leberkanäle durch diese Bereiche fließen und deshalb die Stauung hier akuter fühlbar wird. Sonstige Probleme während der Menstruation entstehen, weil das gestaute Leber-Qi den Fluß des *Blutes* in den Chong- und Ren-Kanälen aus dem Gleichgewicht bringt und diese Kanäle die Fortpflanzungsprozesse der Frau steuern.

In schweren und chronischen Fällen kann der Qi-Stau sich in einen *Blut*-Stau umwandeln, der starke, stechende Schmerzen verursacht. Sie treten typischerweise im Uterus auf und sorgen bei manchen Frauen für sehr schmerzhafte Perioden.

Muster	Außen	Innen	Übersch.	Mangel	Hitze	Kälte
Mangel an Leber-Blut		•		•		
Stau des Leber-Qi		•	•			
Stau des Leber-Blutes		•	•			
Aufflammendes Leber-Feuer		•	•		•	
Steigendes Leber-Yang		•	•		•	
Leber-Wind (verschiedene Ursachen)		•	•			
Kältestau im Leberkanal		•	•			•
Feuchtigkeit und Hitze in Leber und Gallenblase		•	•		•	

Lebermuster

Mitwirkende Ursachen. Die Schuld für gestautes Leber-Qi liegt fast ausschließlich bei den emotionalen Faktoren. Die Belastungen und Anspannungen des Lebens können in vielen Lebenslagen zu Frustration führen. Der soziale Kodex westlicher Kulturen, der eher auf das Zurückhalten von Emotionen Wert legt, kann zur Folge haben, daß diese Emotionen nirgends hin können. Das Ergebnis ist, daß diese „eingesperrte emotionale Energie" das empfindliche Energiesystem blockiert und dabei in erster Linie die Leber in Mitleidenschaft zieht, deren Aufgabe die Aufrechterhaltung des reibungslosen Qi-Flusses im Körper ist. Das Resultat ist eine Stauung des Leber-Qi.

Behandlungsgrundlagen der chinesischen Medizin. Die Therapie der chinesischen Medizin wird sich darauf konzentrieren, den reibungslosen Fluß des Leber-Qi zu fördern und das gestaute Qi wieder zu verteilen.

Bei dieser Disharmonie können Akupunktur wie auch Kräutertherapie große Wirkung zeigen. Körperliche Betätigung und das Praktizieren von Qigong können viel dazu beitragen, den natürlichen Fluß des Qi in allen Teilen des Körpers zu erhalten.

Die Nieren

Die beobachteten Nierenmuster werden in der Tabelle auf Seite 155 zusammengefaßt. Wir werden den *Mangel an Nieren-Yang* ausführlich behandeln. Das ist ein verbreitetes Muster, besonders bei älteren Menschen, deren Qi-Energie allgemein schwindet.

Anzeichen und Symptome. Es handelt sich hier um eine chronische innere Kälte-Disharmonie mit typischen Kältegefühlen, die besonders in den Knien und im unteren Rückenbereich spürbar werden.

Das Gesicht ist sehr blaß, häufig mit deutlich weißer Färbung. Es kommt zu schlechtem Appetit und chronischem Durchfall, was das allgemeine Gefühl von Müdigkeit und Mattheit verstärkt.

Bei Frauen kann Unfruchtbarkeit, bei Männern Impotenz auftreten. Außerdem werden häufig reichliche Mengen durchsichtigen Urins ausgeschieden, und es sammeln sich Flüssigkeiten unter der Haut, die Ödeme verursachen, besonders in Beinen und Fußgelenken.

Die Zunge ist blaß und feucht und manchmal angeschwollen. Der Puls ist tief und eher leer bzw. schwach.

Pathologische Prozesse. Das Defizit an Nieren-Yang bedeutet, daß das Feuer der Lebenspforte (Ming Men) den Körper nicht mehr wärmt, was die Kältegefühle erzeugt. Außerdem nährt es das Jing nicht mehr und erzeugt so die sexuellen Störungen. Die Nieren spielen eine Rolle bei der Stärkung und Ernährung der Knochen. Fehlt es an Nieren-Qi, dann entsteht eine Tendenz zu Schmerzen, besonders im unteren Rückenbereich um die Nieren herum.

Das fehlende Nieren-Yang kann die Körperflüssigkeiten nicht mehr bewegen. Dadurch kommt es zur Absonderung großer Mengen an wasserklarem Urin und durch die Ansammlung der Flüssigkeiten unter der Haut zu Ödemen. Der Durchfall verdankt sich der Unfähigkeit des Nieren-Yang, die Milz zu unterstützen. Die angesammelten Flüssigkeiten zeigen sich auch an der Zunge. In sehr schweren Fällen kann die Yang-Energie so erschöpft sein, daß die Flüssigkeiten sich fast gar nicht mehr bewegen, und dann gibt es nur wenig Urin.

Das ist ein gutes Beispiel für zwei anscheinend widersprüchliche Symptome, die gemeinsam in derselben Disharmonie auftreten.

Mitwirkende Ursachen. Ein Mangel an Nieren-Yang kann von einer chronischen Langzeiterkrankung herrühren, die die Energien des Körpers erschöpft.

Exzessive sexuelle Aktivität kann die Nierenenergie erschöpfen, was den Yang-Mangel hervorruft. Das ist allerdings eine relative Frage und hängt vom Alter und von der allgemeinen Gesundheit ab.

Das Nieren-Yang-Defizit ist ein allgemeines Kennzeichen des Alterungsprozesses und unter älteren Menschen sehr verbreitet. Sie leiden häufig an einem Durchfall, der sie in aller Frühe überfällt. Das liegt an dem sehr niedrigen Niveau der Yang-Energie beim Aufstehen.

Hat sich im Lauf der Zeit in der Milz eine chronische Mangelsituation etabliert – meistens aufgrund einseitiger und unangemessener Ernährung – dann kann das zur Ansammlung innerer Feuchtigkeit führen, die schließlich die Yang-Energie der Nieren schädigen wird.

Behandlungsgrundlagen der chinesischen Medizin. Der zentrale Punkt einer Therapie wird die Erwärmung und Stärkung des Nieren-Yang-Qi sein. Das läßt sich gut durch Moxibustion oder durch Akupunktur in Verbindung mit Moxibustion erreichen. Bestimmte, das Yang wärmende Kräuter können ebenfalls eingesetzt werden.

Außerdem müssen die Rolle der Ernährung und Faktoren der allgemeinen Lebensweise betont werden, wie die Vermeidung von Zug und kalter, feuchter Umgebung. Qigong-Übungen zur Stärkung der Nieren sind immer von Nutzen. Es ist anzumerken, daß Lungen und Nieren eine Stützfunktion füreinander ausüben. Deshalb kann es hilfreich sein, auch die Lungen zu stärken.

Obwohl viele verbreitete Syndrome den fünf bedeutenden Yin-Organen (Zang) zugeordnet werden, gibt es auch

Muster	Außen	Innen	Übersch.	Mangel	Hitze	Kälte
Mangel an Nieren-Yin		●		●	●	
Mangel an Nieren-Yang		●		●		●
Geschwächtes Nieren-Qi		●		●		
Nieren halten das Qi nicht		●		●		●
Mangel an Nieren-Jing		●		●		
Mangel an Nieren-Yin mit leerem Feuer		●	● und	●	●	
Mangel an Nieren-Yang mit Wasserüberschuß		●	● und	●		

Nierenmuster

Muster, die mit den Yang-Organen (Fu) in Verbindung gebracht werden. Es ist hier aus Platzgründen nicht möglich, sie detaillierter zu untersuchen. Die Grundregeln für die Identifizierung der Disharmonie, das Verständnis der verursachenden Faktoren und die Planung einer Behandlung sind dieselben wie bei den Zang-Organen. Interessierte Leser, die Einzelheiten zu allen Zang Fu-Mustern suchen, finden weiterführende Informationen in der Bibliographie.

Die vorangehenden Beschreibungen haben uns einen detaillierten Einblick in die Möglichkeiten verschafft, wie die Grundmuster weiter differenziert werden können, wenn man die Disharmoniemuster des Zang Fu-Systems in der chinesischen Medizin betrachtet. Es wurde natürlich lediglich an einigen ausgewählten Beispielen illustriert, welchen Weg ein Fachmann für chinesische Medizin gehen muß, wenn er das Spektrum der Zeichen und Symptome untersucht, das der Patient präsentiert.

Zusätzlich zu der Palette der Fu-Disharmonien gibt es etliche andere Kombinationsmuster, die noch nicht erwähnt wurden. Darunter finden sich charakteristische Verbindungen zwischen den Disharmonien bestimmter Organe. Ein Beispiel: Oft treten ein Mangel an Nieren- und an Lungen-Yin zusammen auf und verstärken sich gegenseitig.

Man sollte außerdem nicht vergessen, daß jeder Patient, der einen Fachmann für chinesische Medizin aufsucht, gleichzeitig mit mehreren Disharmoniemustern kommt. Dann ist es wichtig, daß der Praktizierende in der Lage ist, die unterschiedlichen Muster zu identifizieren, je nachdem ob sie Überschuß- oder Mangelmuster sind, und ein entsprechendes Behandlungsprogramm zu entwerfen.

Das Thema der Planung und Überwachung von Behandlungsprogrammen wird im nächsten Kapitel erörtert.

Welche Muster können Sie erkennen?

Es ist am Ende dieses Kapitels ganz nützlich und interessant, die Möglichkeit zu haben, anhand einer gegebenen Fallstudie vorhandene Muster zu identifizieren. Denken Sie daran, daß dieses Buch nichts weniger ist als ein systematisches Ausbildungsbuch für chinesische Medizin. Aber es kann Ihnen hoffentlich helfen, den Denkstil eines chinesischen Arztes nachzuvollziehen.

Lesen Sie die folgende Fallstudie sorgfältig (sie ist sehr einfach) und versuchen Sie zu entscheiden, was Sie von der Sache halten. Notieren Sie sich alle Zeichen oder Symptome, die Sie identifizieren können, und ordnen Sie sie den Kategorien der acht Grundmuster zu, nämlich:

- Innen
- Außen
- Mangel
- Überschuß
- Kälte
- Hitze

Überlegen Sie, ob hier eher Yin oder Yang vorherrscht. Und schließlich stellen Sie sich die Frage: Kann das Muster, das ich festgestellt habe, irgendeinem Zang Fu-Muster zugeordnet werden?

Maria ist 32 Jahre alt und Physiotherapeutin. Sie steht kurz vor der Scheidung und kämpft mit ihrem getrennt lebenden Ehemann um das Sorgerecht für ihre beiden Kinder. Darüber hinaus ist sie kürzlich befördert worden und steht unter großem Druck, die Erwartungen, die nun an sie gerichtet werden, zu erfüllen.

Sie beschwert sich über Spannungsgefühle im Unterleib, Völlegefühle in der Brust und eine Beklemmung in der Kehle. Sie meint, sie hätte überhaupt keine Energie und ihre Beine seien bleischwer. Sie findet es schwierig, ihre Patienten anzuheben und mit ihnen zu arbeiten. Am Beginn ihrer Periode verschlimmern sich ihre Beschwerden. Sie ist in dieser Zeit sehr launisch und empfindlich ihren Kindern und Arbeitskollegen gegenüber.

Sie sagt, ihre Ernährung sei „ok", aber sie gibt zu, daß sie in bezug auf ihr Gewicht etwas fanatisch ist. Manchmal ißt sie jede Menge Salat und steigt dann, besonders in Zeiten großer Anspannung auf „Junk Food" um. Sie meint: „Immer wenn ich mit meinem Ehemann reden muß, geht meine Diät den Bach runter!"

Ihre Zunge hat eine normale rosa Färbung mit leichten Zahnabdrücken an der Seite. Ihr Puls ist drahtig.

Nun, was denken Sie, ist mit Maria los? Vergleichen Sie Ihre Ideen mit den Vorschlägen, die ich im Anhang mache (Seite 208–209).

WEGE DER BEHANDLUNG

Wir haben die Grundprinzipien erklärt, die hinter der chinesischen Sicht des menschlichen Körpers und seiner Fehlfunktionen stehen. Jetzt müssen wir sinnvollerweise die Methoden erörtern, die entwickelt wurden, um die Disharmonien des energetischen Körpers zu behandeln und dem einzelnen Menschen den Weg zurück zu Balance und guter Gesundheit zu bahnen. Es gibt aber noch einige Dinge, die unbedingt angesprochen werden sollten, bevor wir uns eingehender mit dem Thema Behandlung auseinandersetzen.

Der zentrale Punkt: Das ist kein Buch über chinesische Medizin „zum Selbermachen". Es geht hier in erster Linie darum, den Vorgängen den Schleier des Geheimnisvollen zu nehmen, nicht darum, schlichte „Do it yourself"-Tips anzubieten. Wenn nichts anderes aus den vergangenen Kapiteln deutlich geworden ist, dann doch zumindest, daß die chinesische Medizin zwar logisch, elegant und ganzheitlich, aber mit Sicherheit nicht einfach ist. Es würde absolut in die Irre führen, wenn jemand meinte, die Lektüre dieses Buches würde ihn in irgendeiner Weise dazu befähigen, eine Disharmonie aktiv zu behandeln.

Wenn wir also in den folgenden Abschnitten über Akupunktur, Kräuterarzneien, Moxibustion, Schröpfen, Akupressurmassage, Qigong, Diät und Lebensweise sprechen, werden sich die Informationen darauf beschränken, die Verbindungen zwischen den einzelnen Behandlungsmethoden und den zugrundeliegenden Prinzipien der chinesischen Medizin herzustellen. Es werden jedoch keine

Punkte und Vorschriften für die Akupunktur beschrieben, es wird nicht gesagt, welche Kräuter man für bestimmte Disharmonien verwenden soll, Sie werden keine Beschreibungen bestimmter Qigong-Übungen erhalten und so weiter. Die Anwendung von Behandlungsplänen aus der chinesischen Medizin erfordert angemessene professionelle Ausbildung und läßt sich nur in sehr oberflächlicher Weise aus Büchern herauslesen – unabhängig davon, wie gründlich oder gut sie geschrieben sind.

Am Ende des Buches (auf Seite 220) finden Sie Hinweise darüber, wo Sie Rat und Information über professionelle Dienste aus dem Bereich der chinesischen Medizin bekommen können.

Behandlungsgrundlagen der chinesischen Medizin

Es gibt, ungeachtet der Behandlungsmethode, für die man sich entscheidet, immer gemeinsame Ziele und Zwecke. Diese Ziele und Zwecke bilden die Behandlungsprinzipien und leiten sich von den acht Grundmustern ab, die im vorangegangenen Kapitel beschrieben worden sind und im Verlauf der Diskussion über die Zang Fu-Disharmonien vertieft wurden.

Ein einfacher Vergleich kann vielleicht einen nützlichen Zugang zum Verständnis bieten (siehe nächste Abbildung). Wenn ein Dampfkochtopf effektiv arbeitet, wird der Innendruck auf einem optimalen Niveau gehalten, um die Nahrung zu kochen. Das wird erreicht, indem man am Anfang sicherstellt, daß das System die richtige Temperatur erreicht und dann ein einfaches Ventil benutzt, um den optimalen Druck aufrechtzuerhalten. Das ganze System befindet sich in einem dynamischen Gleichgewicht, und die Energie wird genutzt, um die Ziele zu erreichen, für die das System entworfen wurde. Dennoch können Probleme entstehen.

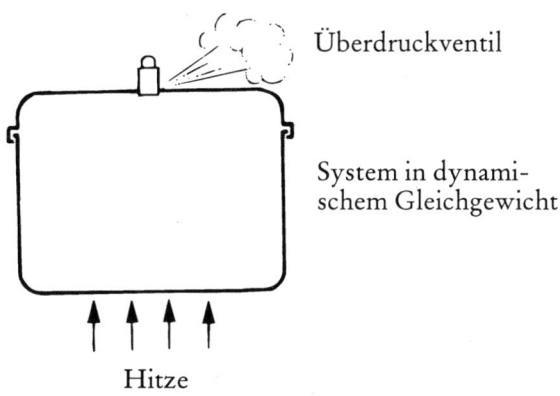

Chinesische medizinische Therapie als Dampfkochtopf

Das Problem des Überschusses

Betrachten wir den Fall, daß das Ventil blockiert ist und der Druck über das Optimum hinaus ansteigt. Das System wird instabil, und wenn nicht irgend etwas unternommen wird, kommt es zu häßlichen Konsequenzen – der Topf platzt! Man könnte sagen, daß der Kocher in einer Überschußsituation war, und daß die Verminderung des Überschusses notwendig war, um das Gleichgewicht wieder herzustellen.

Das Problem des Mangels

Stellen Sie sich in diesem Fall vor, daß das Ventil fehlerhaft ist und der Druck schneller aus dem Topf entweicht, als er aufgebaut wird. Wenn das passiert, dann ist viel Zeit nötig, um das Essen zu kochen. Hier ist irgendeine Methode nötig, um das System zu stärken, daß es den Druck, der für das Gleichgewicht notwendig ist, wieder auf Optimalniveau bringt.

Die Analogie ist einsichtig. Sie gibt die Komplexität der energetischen Prozesse im Körper nicht voll wieder, gibt uns aber einen Eindruck dessen, worum es in der chinesischen medizinischen Therapie geht.

Wenn sich in einer Disharmonie ein Überschußzustand offenbart, dann muß sich die Behandlung auf die *Reduzierung* des Überschusses konzentrieren und darauf, die Faktoren loszuwerden, die den Überschuß überhaupt erst herbeigeführt haben.

Im Fall einer Mangelsituation muß die Behandlung sich auf die Stärkung des Defizits konzentrieren und sicherstellen, daß die Energie auf dem angemessenen Niveau aufrechterhalten bleibt, um Gesundheit und Wohlbefinden zu erhalten.

Die Analogie kann auch die Prinzipien von Hitze und Kälte zeigen. Der Topf braucht eine gewisse Hitze, um richtig zu arbeiten – ein Zuviel oder ein Zuwenig verursacht Probleme. In ähnlicher Weise benötigt der Körper ein optimales Temperaturniveau, um reibungslos zu funktionieren. Zu große Hitze erzeugt einen Überschuß, zu geringe ein Defizit. Zu starke Kälte erzeugt ebenso einen Überschuß, ganz so als ob der Topf extremer Kälte ausgesetzt wäre: Die Flüssigkeiten in ihm (Wasser) würden einfrieren, sich ausdehnen und großen Schaden verursachen. Ist also zuviel Hitze im Körper, muß sie herausgetrieben werden, ist zuwenig im Körper, muß er erwärmt werden.

Die dritte Ebene, auf der uns die Analogie helfen kann, betrifft die Menge der vorhandenen Flüssigkeit. Ist in dem Dampftopf zuviel Wasser, dann läuft das Essen Gefahr, breiig zu werden und an Biß zu verlieren. Wird es dann weiter gekocht, trocknet der Brei zu einem ungenießbaren Matsch zusammen.

Das wäre die Analogie zur Ansammlung von zuviel Feuchtigkeit im Körper. Mit der Zeit kann sie sich unter der Wirkung der inneren Hitze in Schleim verwandeln. Genauso wie das überflüssige Wasser aus dem Dampftopf abgeleitet werden sollte, muß auch die Feuchtigkeit abgeleitet werden ("aufgelöst" ist der Begriff, der in der chinesischen Medizin dafür benutzt wird).

Ist im gegenteiligen Fall zuwenig Wasser im Topf, wird das Essen austrocknen und unter dem Einfluß der Hitze anbrennen. Es wird hart und möglicherweise bröckelig.

Dem entspricht ein Mangel an Körperflüssigkeiten. Der Effekt ist, daß der Körper im wörtlichen Sinne austrocknet und sich schält, was zum Beispiel bei trockener Haut der Fall ist. In diesem Fall ist es wichtig, die Herstellung von Flüssigkeiten zu fördern und die Hitze auf ein ausgewogenes Niveau zu bringen.

Der Vergleich mit einem Dampfkochtopf sollte nicht überstrapaziert werden. Er gibt aber einen Eindruck davon, was in der chinesischen Medizin erreicht werden soll. Um es noch einmal zusammenzufassen:

- Bei einem Mangel sollte die Energie gestärkt werden.
- Bei einem Überschuß sollte die Energie verringert werden.
- Bei übermäßiger Hitze sollte die Hitze vertrieben oder gekühlt werden.
- Bei übermäßiger Kälte sollte die Kälte vertrieben oder erwärmt werden.
- Vorhandene Feuchtigkeit sollte aufgelöst werden.
- Vorhandener Schleim sollte aufgelöst werden.

Wie bereits gesagt, präsentieren sich Patienten häufig mit vermischten und komplexen Disharmonien. In solchen Fällen muß der Fachmann entscheiden, welche Aspekte „Wurzel" und welche „Stamm" sind – mit anderen Worten, welche Aspekte der Disharmonie fundamentaler und welche eher oberflächlicher Natur sind. Das Behandlungsprogramm muß dann die Reihenfolge widerspiegeln, in der die Probleme anzugehen sind. Eine gängige Faustregel schlägt vor, die Überschußsitutionen vor den Mangelsituationen zu behandeln. Es kann aber gelegentlich Ausnahmen zu dieser Regel geben.

Das letzte Ziel der Behandlung in der chinesischen Medizin ist, sicherzustellen, daß die Yin- und Yang-Energien des Körpers ihren dynamischen Zustand eines aktiven Gleichgewichts beibehalten und auf diese Weise Gesundheit und Wohlbefinden des Menschen fördern.

Behandlungsmethoden

Akupunktur

Die Vorstellung eines Körpers, der in offensichtlich vom Zufall bestimmter Weise mit Nadeln durchstochen wird, dürfte dem stereotypen Bild entsprechen, das viele Menschen von der chinesischen Medizin haben. Urteilt man nach dem Augenschein, so dürfte es für die große Mehrheit schwierig sein, diese Art der Behandlung mit dem vorhandenen Krankheitsbild in Verbindung zu bringen. Für die meisten Menschen beginnt und endet die chinesische Medizin mit diesem Bild – bis in alle Zukunft geheimnisvoll, bizarr, zweifelhaft und angstauslösend.

Hier könnte die Geschichte bereits zu Ende sein, wäre da nicht die Tatsache, daß die Chinesen die Akupunkturtechniken mehr als 3000 Jahre lang benutzt und verfeinert haben – mit beständiger und erstaunlicher Wirkung.

Man sollte nicht vergessen, daß sich die Akupunktur als empirische Wissenschaft entwickelt hat, mit anderen Worten als ein Wissensbestand, der entwickelt wurde durch die unablässige und systematische Beobachtung der Wirkung, die an bestimmten Stellen eingestochene Nadeln hervorrufen. Am Anfang wurden plumpe Nadeln aus Tierknochen oder aus angespitztem Bambus benutzt. Man bemerkte, daß sich oft Erleichterung einstellte, wenn sie an den „Ashi"-Punkten (den schmerzenden Stellen) eingestochen wurden. Im Laufe der aufeinanderfolgenden Jahrhunderte wurde das energetische Modell von Qi, Jing, *Blut* und Flüssigkeiten formuliert und der Verlauf der Ströme als Meridiane des Körpers kartiert. Man identifizierte spezielle Punkte, und es wurde aufgezeichnet, welche Wirkung an diesen Stellen gesetzte Nadeln ausübten. Die Theorie der Akupunktur wird bis zum heutigen Tag weiter entwickelt und verfeinert.

Es wurde bereits gesagt, daß Akupunkturpunkte anscheinend einen Zugang zum Energiefluß des Körpers bieten. Wenn diese Punkte durch das Einstechen feiner Edelstahlnadeln gereizt werden, treten im Körper bestimmte energetische und physische Veränderungen auf.

Akupunkteure wählen für ihre Eingriffe entsprechende Punkte aus, die in Beziehung zu der festgestellten Disharmonie stehen. Die ausgesuchten Punkte werden dann mit Nadeln versehen, die – je nachdem, ob man bestimmte Effekte erzielen will – manipuliert werden oder nicht. In der Regel verbleiben die Nadeln zwischen fünfzehn und zwanzig Minuten im Körper. Das kann allerdings variieren zwischen sehr kurzen Perioden (einigen Sekunden) bei Kindern oder Säuglingen und bis zu einer Stunde bei sehr hartnäckigen Mustern.

Der Fachmann kann mit den Nadeln arbeiten, um eine das Qi stärkende Wirkung zu erzielen. Die gängigsten Methoden sind das Drehen bzw. das Herausziehen und Hineinschieben. Andererseits kann man auch andere Techniken nutzen, um das Qi in Überschußzuständen zu verringern – häufig durch langsames Einsetzen und schnelleres Herausziehen. Weitere „ausgewogenere" Techniken sind in ihrer Reizwirkung neutral, was bei bestimmten Zuständen sinnvoll ist.

Bei manchen Überschußzuständen wird die reduzierende Funktion der Nadeln verstärkt, indem durch zwei verbundene Nadeln kleine elektrische Impulse geschickt werden.

Ein gewöhnlicher Behandlungsverlauf beginnt mit zehn bis fünfzehn Behandlungen in Intervallen von ungefähr einer Woche. Wenn es der Zustand erforderlich macht, besonders in der Frühphase einer Therapie, können die Abstände auch geringer sein. In späteren Abschnitten des Programms können sie sich bis zu vierzehn Tagen oder einem Monat ausdehnen.

Eine Verschärfung der Symptome ist nichts Ungewöhnliches für eine Akupunkturbehandlung. Oft stellt der Patient fest, daß die Symptome kurze Zeit nach der Behandlung erst einmal zunehmen, bevor eine Besserung eintritt. Ein professioneller Fachmann wird den Patienten immer auf die Möglichkeit einer Verschlimmerung am Anfang einer Behandlung hinweisen.

Die meisten Fachleute benutzen mittlerweile abgepackte und sterilisierte Einwegnadeln, die man wirklich nur ein einziges Mal benutzt. Andere geben nach wie vor wiederverwendbaren Nadeln den Vorzug, die nach jeder Benutzung sorgfältig und gründlich sterilisiert werden müssen. Jeder Patient sollte sich vor der Behandlung erkundigen, welcher Nadeltyp verwendet wird. Werden wiederverwendbare Nadeln benutzt, sollte man die vom Akupunkteur verwendeten Sterilisationsmethoden in Augenschein nehmen. In Zeiten von AIDS und ähnlichen Krankheiten kann es sich niemand – weder Patient noch Akupunkteur – leisten, was die Reinlichkeit der Nadeln angeht, nicht peinlich gewissenhaft zu sein.

Nadeln sind in verschiedenen Längen und unterschiedlicher „Dicke" erhältlich. Ihre Auswahl wird in der Regel von dem Punkt ihrer Verwendung und vom erwünschten Effekt beeinflußt. Die allgemein benutzten Nadeln reichen in der Länge von cirka 1,5 cm über 2,5 cm, 3 cm, 5 cm bis 7,5 cm.

Die durch die Nadeln hervorgerufenen Gefühle variieren zwischen einem stumpfen Schmerz und einem kribbelnden „Schock". In manchen Fällen dehnt sich das Gefühl entlang dem Meridian aus und kann ganze Bereiche des Körpers oder der Gliedmaßen erfassen. Das kann Schweregefühle im betroffenen Körperglied hervorrufen. Kurz nach der Behandlung fühlt sich der Patient unter Umständen etwas müde oder ausgelaugt, aber das gibt sich normalerweise schnell. Die einzelnen Menschen reagieren allerdings unterschiedlich auf Akupunktur. Bei manchen Patienten können diese Effekte minimal sein oder ganz fehlen.

Akupunktur kann bei vielen Krankheitsbildern bemerkenswerte Wirkungen zeigen. Die Wirkung hängt in großem Ausmaß von einer gründlichen und akkuraten Diagnose ab. Die Geschicklichkeit und Technik des Akupunkteurs beim Setzen der Nadeln hat ebenfalls große Wirkung auf das Resultat. Früher galt der Akupunkteur im Westen oft als die letzte Zuflucht für Menschen mit chronischen Langzeitproblemen. Die Behandlung dauerte oft lange und brachte in manchen Fällen nur geringe Linderung. Doch je mehr sich die Akupunktur durchsetzt, desto häufiger wird sie zu einer echten Alternative für viele Menschen, und ihre Wirksamkeit sowohl bei akuten als auch bei chronischen Gesundheitsproblemen wird zunehmend anerkannt.

Moxibustion

Bei der Moxibustion handelt es sich um folgenden Vorgang: Ein getrocknetes Heilkraut (Moxa genannt, meistens handelt es sich um Beifuß, *Artemisia vulgaris*) wird verbrannt, entweder direkt auf der Haut oder ohne direkte Berührung darüber, jeweils über speziellen Akupunkturpunkten. Zweck dieses Vorgangs ist die Erwärmung des Qi und des *Blutes* in den Kanälen. Moxibustion wird meistens eingesetzt, wenn es darum geht, Kälte oder Feuchtigkeit zu vertreiben oder Qi und *Blut* zu stärken.

Da Moxibustion dem Körper Wärme zuführt, ist sie bei Zuständen innerer Hitze sicher nicht angesagt. Und obwohl sie bei äußeren Überschußzuständen in den Kanälen hilfreich sein kann, wird sie im allgemeinen nicht für innere Überschußzustände genutzt.

Nachdem es enzündet worden ist, brennt das Moxa langsam ab und entwickelt eine durchdringende Hitze, die sofort in die Kanäle eindringen kann und den Fluß von Qi und *Blut* beeinflußt. Moxa verbrennt mit einem charakteristischen Geruch und kann ziemlich dichten Rauch entwickeln. Manche Patienten finden den Geruch und den Rauch kaum erträglich, und der Duft bleibt auch lange nach der Behandlung in Kleidern und Haaren hängen. Es gibt auch rauchfreies Moxa, das sich aber nur schwierig in Brand setzen läßt und nicht oft verwendet wird.

Moxa bekommt man in ungepreßter Form, in der man es für die Herstellung von Moxakegeln benutzen kann. Alternativ dazu gibt es Moxa abgepackt und in langen Stäben ähnlich einer großen Zigarre gerollt, ungefähr 15 bis 20 cm lang und 1 bis 2 cm im Duchmesser.

Direkte Moxibustion

In diesem Fall wird das Moxa zu kleinen Kegeln geformt, die anschließend auf den ausgewählten Körperpunkt gesetzt und angezündet werden. Man läßt den Moxakegel fast ganz bis auf die Haut hinunterbrennen. Dann wird er entfernt und je nach Notwendigkeit ein neuer aufgesetzt, bis der Fachmann die Behandlung als abgeschlossen betrachtet. Brennt das Moxa zu weit herunter, kann es eine Narbe verursachen. Es gibt zwar Traditionen, in denen die Erzeugung von Narben aktiv gefördert wird, das ist aber im Westen nicht üblich.

Indirekte Moxbustion

Gängiger ist die Praxis, das Moxa indirekt zu verbrennen, entweder über der Haut oder auf einem anderen Medium zwischen Moxa und Haut. Man kann den Moxakegel auf einer Ingwerscheibe, einer Knoblauchscheibe oder einer Schicht Salz verbrennen. Die Wahl des Stoffes, der das Moxa von der Haut trennt, hängt davon ab, welcher Zustand behandelt wird und welchen klinischen Standpunkt der Fachmann einnimmt.

Man kann Moxastäbe anzünden und über den Bereich halten, mit dem man arbeiten will. Dazu werden sie um ihre Längsachse gedreht oder nach der Art eines pickenden Vogels immer wieder an die Haut angenähert. Dabei muß man darauf achten, die Haut nicht zu berühren.

Moxastäbe lassen sich in kleinere Stücke schneiden, die dann am Ende einer Edelstahl- oder mit einem Kupferaufsatz versehenen Nadel befestigt werden, nachdem diese in den entsprechenden Akupunkturpunkt eingesetzt worden ist. Auf diese Weise erwärmt die Hitze nicht nur die Haut, sondern sie wird durch die Nadel auch in den Kanal geleitet. Man kann auch ungepreßtes Moxa um die Nadel wickeln und dann in der gleichen Weise vorgehen. Wenn die Hitze auf einen größeren Bereich verteilt werden soll, zum Beispiel bei Schmerzen im unteren Rücken aufgrund von gestautem Qi in den Kanälen, kann man längere Moxa-Stücke auf einem Metallgrill in einem dafür geeigneten Behälter verbrennen, der über dem betroffenen Bereich plaziert wird.

Die Entscheidung, wann und wo Moxibustion eingesetzt wird, ob allein oder in Verbindung mit Akupunktur, ist auch hier eine Frage, die nur der Fachmann für chinesische Medizin beantworten kann. Der Patient sollte allerdings insofern miteinbezogen werden, als ihm alles ausführlich erklärt wird.

Schröpfen

Die Technik des Schröpfens ist besonders nützlich zur Behandlung örtlicher, von Kanal-Problemen verursachter Qi-Stauungen, aber auch zur Vertreibung äußerlicher krankheitsauslösender Faktoren, die die Lungen befallen haben, wie etwa Wind-Kälte.

Die Schröpfköpfe sind entweder stabile, runde Glaskonstruktionen oder sie bestehen aus Bambus. Es sind auch schon andere Materialien verwendet worden, doch der mit Abstand verbreitetste Typ, den die Fachleute im Westen benutzen, ist aus Glas. Ein typischer gläserner Schröpfkopf wird in der folgenden Abbildung gezeigt.

Im Inneren des Schröpfkopfs wird ein Vakuum erzeugt, indem man kurz eine dünne brennende Wachskerze hineinhält und sofort danach den Schröpfkopf auf die ausgesuchte Körperstelle aufsetzt. Weil die Kerzenflamme den ganzen Sauerstoff im Schröpfkopf aufbraucht, entsteht ein Unterdruck. Das hat den Effekt, daß die Haut in das Innere des Schröpfkopfs „gesaugt" wird. (A.d.Ü. Es ist wohl eher zu vermuten, daß die Ausdehnung und Zusammenziehung der erwärmten und sich abkühlenden Luft für den beschriebenen Effekt verantwortlich ist, denn bei der Verbrennung von O2 entstehen wieder Stoffe, die seinen Platz einnehmen, z.B. CO_2.) Das bewirkt, daß der Fluß von Qi und *Blut* in dem Bereich unter dem Schröpfkopf unterstützt wird. Dadurch, daß Qi und *Blut* in Bewegung gesetzt werden, lassen sich lokale Stauungen auflösen. Wenn es darum geht, Wind-Kälte-Zustände zu vertreiben, werden die Schröpfköpfe über der Lunge auf den oberen Bereich des Rückens gesetzt. In entsprechenden Fällen können die Schröpfköpfe auch über einer eingestochenen Akupunkturnadel gesetzt werden.

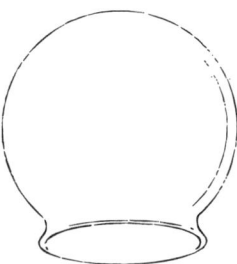

Ein Schröpfkopf, der benutzt wird, um mit Hilfe von Unterdruck Qi und Blut an die Hautoberfläche zu ziehen

Der Vorgang des Schröpfens zieht natürlich das Blut in die äußeren Haargefäße des Körpers. Als Folge davon können nach der Behandlung kleinere Striemen oder blaue Flecken zurückbleiben.

Akupressurmassage
Massage wird in der chinesischen Medizin weithin genutzt. Es haben sich zusammen mit der allgemeinen Fort-
entwicklung der chinesischen Medizin etliche unterschiedliche Techniken entwickelt. In China wird Massage
mit dem Begriff „An Mo" bezeichnet, wobei „An"
drücken bedeutet und „Mo" reiben.

Akupressur läßt sich auf größeren Körperflächen einsetzen, um den Fluß von Qi und *Blut* durch das Meridiansystem zu unterstützen. Diese Vorgehensweise kann für
kleinere Kanal-Disharmonien mit lokalen Stauungen von
Qi und *Blut* äußerst wertvoll sein.

Gezielte Akupressurmassage konzentriert sich darauf,
Druck auf bestimmte Akupunkturpunkte auszuüben
umd bestimmte systemische Änderungen im Körper zu
erzeugen. In diesem Fall werden verschiedene Formen des
Drucks verwendet, je nachdem, ob damit, gestärkt, redu-
ziert oder ein eher neutraler, beruhigender Effekt erzielt
werden soll. Die Auswahl der Punkte in jeder beliebigen
Akupressurvorschrift beruht immer auf einer differentiel-
len Diagnose, die ihrerseits das Ergebnis einer Unter-
suchung von Disharmoniemustern ist, wie wir sie bereits
beschrieben haben.

Einfache Akupressurregeln können als „Selbsthilfe"-
Techniken weitergegeben werden, die man an sich selbst
oder mit Partnern und Freunden anwenden kann. Viele
kleinere Beschwerden und Disharmonien sprechen ziemlich gut auf schlichte Akupressur an, und sie können die
Basis einer einfachen „Erste-Hilfe" aus der chinesischen
Medizin bilden.

Akupressur-Massagetechniken lassen sich auch in Verbindung mit anderen Behandlungsmethoden der chinesischen Medizin benutzen.

Chinesische Kräutermedizin

Neben der Akupunktur bildet die Kräuterheilkunde eine Hauptsäule der chinesischen Medizin. Seit langer Zeit wurden in der chinesischen Medizin Kräuter zubereitet, und eine umfassende „Materia Medica" datiert auf die Zeit um 650 nach Christus. Die Grundlage des Wissens wuchs über die Jahrhunderte, und immer mehr Informationen über Kräuter und ihre Eigenschaften wurden gesammelt. 1977 verzeichnete eine moderne Sammlung 5767 Einträge über Kräuter, ihre Eigenschaften und die Disharmonien, bei denen sie Hilfe leisten können.

Die Kräuter werden in zwei Hauptkategorien eingeordnet. Die erste bezieht sich auf die Temperatureigenschaften des jeweiligen Krautes:

- heiß (Re)
- kalt (Han)
- warm (Wen)
- kühl (Liang)
- neutral (Ping)

Die zweite Einteilung bezieht sich auf die Geschmackseigenschaften des Krautes:

- scharf (Xin)
- süß (Gan)
- bitter (Ku)
- sauer (Suan)
- salzig (Xian)

Die verschiedenen Temperatur- und Geschmackskombinationen bilden die Eigenschaften des Krautes, die die Yin- und Yang-Energiemuster des Körpers beeinflussen können. So gibt es also wärmende Kräuter, kühlende

Kräuter, stärkende Kräuter, Kräuter, die Stauungen auflösen, und so weiter.

Stellt ein chinesischer Kräuterfachmann eine Diagnose, so beschreibt der die Disharmonien in Hinsicht
auf die Zang Fu-Organe und die acht Grundmuster.
Nachdem er sich für eine Behandlungsstrategie entschie-
den hat, wird der Fachmann die Kräuter und Kräutermi-
schungen aussuchen, die die gewünschten Wirkungen
haben. Kräuter lassen sich unterschiedlich zubereiten:
als Saft, Pulver, Pillen, Sirup und Pflaster für die äußere
Anwendung.

Kräuterzubereitungen können sehr spezifische Wirkungen haben. Es ist wichtig, daß der Fachmann die Disharmonie sehr genau identifiziert und das passende
Rezept unter Beachtung der relativen Anteile und Dosie-
rungen der spezifischen Kräuter herstellt.

Für allgemeinere symptomatische Behandlungen gibt
es Markenmedikamente auf Kräuterbasis in Form von
Pillen, Säften und Tees. Diese patentierten Heilmittel sind
wohlerprobte und getestete Wirkstoffkombinationen, die
als Pillen, Kapseln oder Säfte hergestellt werden. Eine
wachsende Anzahl im Westen fabrizierter Präparate sind
im Moment dabei, traditionelle Markenmedikamente aus
China zu ersetzen.

So wie die westlichen Medikamente, die man ohne ärzt-
liche Verschreibung am Ladentisch kaufen kann, haben
die Markenheilmittel eine allgemeinere Wirkung, die bei
weniger schwerwiegenden Symptomen und Disharmonien sehr hilfreich sein kann. Aber gerade dadurch wirken
sie nicht so spezifisch wie ein maßgeschneidertes Kräuter-
rezept, das auf den Mustern einer individuellen Disharmonie basiert. Markenmedikamente auf Kräuterbasis
werden als unterstützende Therapie zusammen mit Akupunktur eingesetzt, um den gesamten Behandlungsplan

zu fördern und eine schnellere Erholung von der akuten Disharmonie zu ermöglichen.

Kräutermedikamente können bei vielen Disharmonien große Wirkungen erzielen. Es ist aber von entscheidender Bedeutung, daß alle Rezepturen von einem qualifizierten Fachmann für chinesische Kräutermedizin hergestellt wurden.

Qigong-Therapie

Qigong ist vermutlich der Bereich der chinesischen medizinischen Praxis, der im Westen momentan auf das größte Interesse stößt. Buchläden bieten ein breites Sortiment an Titeln zu diesem Thema an, meistens einfache Übungsanleitungen zur Selbstanwendung. Daran ist eigentlich nichts falsch, aber es wird sehr wenig Information über die Beziehungen zwischen den Qigong-Übungen und der chinesischen Medizin geboten. Viele Leute kommen zu Qigong über ihr Interesse an Tai Chi, das ungeachtet der Tatsache, daß es von einer Kampftechnik abstammt, im Grunde eine Form von Bewegungs-Qigong ist und mit ihm die Grundprinzipien gemeinsam hat.

Es ist nicht sinnvoll, Qigong als Therapieform an dieser Stelle in Einzelheiten zu erörtern, aber es ist wichtig, einige allgemeine Anmerkungen dazu zu machen, um es in den Zusammenhang der chinesischen Medizin zu stellen. Ohne diesen Hintergrund ist Qigong lediglich eine Art chinesischer Gymnastik.

Qigong läßt sich mit „Pflege der Energie" oder als „Energieentwicklung" übersetzen. In chinesischen Begriffen ausgedrückt ist Qigong die Kunst, die Kraft der „drei Schätze" – Jing, Qi und Shen – zu fördern. Das wird durch Beruhigung des Geistes, Kontrolle des Atems sowie durch körperliche Übungen erreicht. Die chinesische Sichtweise geht davon aus, daß Krankheit die Manifestation einer Disharmonie und einer Schwäche im Energiesystem des einzelnen ist. Ist das Energiesystem stark und ausbalanciert, gibt es konsequenterweise keine Erkrankung. Deshalb sind Qigong-Übungen eine unschätzbare Hilfe für die Erhaltung des Energiesystems und für Gesundheit und Wohlbefinden.

Es kann sein, daß Qigong noch älter ist als die Akupunktur, und es ist durchaus möglich, daß es schon vor 5000 Jahren oder sogar noch früher praktiziert wurde. Im Laufe dieser Jahre wurden buchstäblich Tausende von Qigong-Übungen und Strategien entwickelt, die über Generationen von Familien und Fachleuten weitergegeben und verfeinert wurden. Während der letzten cirka zwanzig Jahre kamen viele dieser Praktiken aus China in den Westen. Qigong verschafft sich in zunehmendem Maße Gehör als bedeutender Aspekt der chinesischen Medizin. Qigong-Praktiken sind mittlerweile Gegenstand wissenschaftlicher Untersuchungen, und es gibt immer mehr beeindruckende Belege für die Wirksamkeit dieser Übungen.

Die Qigong-Praxis hat zwei Aspekte, die wir beide kurz betrachten werden:

- Qigong-Übungen als vorbeugende Selbsthilfestrategie
- Qigong als Heilmethode

Qigong-Übungen

Qigong-Übungen lassen sich in vier Hauptkategorien unterteilen.

Statische Übungen. Bei diesen Übungen nimmt die Person eine Reihe statischer Positionen ein, bei denen sie entweder steht oder sitzt und gelegentlich auch liegt.

Bestimmte Übungen stehen mit der Stärkung des Energieflußes in den jeweiligen Zang Fu-Organen in Verbindung, oder sie beziehen sich auf den allgemeinen Energiefluß im Körper. Diese statischen Übungen wirken einfach, aber dieser Eindruck täuscht. Sie sind zwangsläufig ziemlich anspruchsvoll, manche sogar extrem fordernd, und in der Regel verlangen sie längerfristige Übungsphasen.

Bewegungsübungen. Diese Übungsformen variieren von relativ einfachen Bewegungsfolgen bis hin zur Komplexität und Schönheit der verschieden Tai Chi-Formen oder dynamischeren Formen, wie zum Beispiel das Dayan (Wildgans)-Qigong und das Schwimmender Drache-Qigong. Viele der Bewegungsformen beruhen auf der Übertragung der natürlichen und anmutigen Bewegungen der Tiere in menschliche Bewegungen. Einige der Positionen aus dem Formenschatz des Tai Chi belegen diesen kraftvollen Bilderreichtum und diese Verbindung. „Die Schlange kriecht hinab" und „Der weiße Kranich breitet seine Schwingen aus" sind typische Beispiele.

Atemübungen. Kraftvolle und angemessene Atmung ist für die Förderung des gesunden Qi-Flusses im Körper von grundlegender Bedeutung. Die Chinesen gehen davon aus, daß wir das äußerliche Qi aus der Atemluft ziehen. Eine Reihe von Qigong-Atemübungen tragen dazu bei, gute Atmungsgewohnheiten zu entwickeln.

Meditationsübungen. Ein beruhigtes und sicher im Herzen beherbergtes Shen ist eine unverzichtbare Vorbedingung für emotionale Harmonie. Meditationsübungen lehren den einzelnen, sich auf einen ruhigen und harmonischen Qi-Fluß im ganzen Körper zu konzentrieren.

Qigong-Meditationsübungen unterscheiden sich nur wenig von den Meditationspraktiken, die andere Traditionen lehren.

In der Praxis werden die eben aufgezählten Qigong-Übungen meist kombiniert. So werden beispielsweise statische Übungen auch Atemtechniken und Meditationspraxis einschließen.

Es gibt innerhalb des Qigong noch andere Wege, die Elemente wie etwa Klänge einführen. Die „sechs heilenden Klänge" zum Beispiel sind eine Form des Qigong, die statische Positionen mit den Frequenzen und Eigenschaften bestimmter Schlüsselklänge verbindet, die ihrerseits mit bestimmten Organfunktionen in Verbindung stehen.

Qigong als Heilmethode

Ein noch viel faszinierenderes und kontroverseres Gebiet chinesischer medizinischer Praxis ist die Nutzung von Qigong zu Heilungszwecken. Dabei überträgt der Fachmann sein Qi durch Schlüssel-Akupunkturpunkte in den Körper des Patienten, um auf dessen Qi-Fluß einzuwirken. In den meisten Fällen geschieht das ohne jeden Körperkontakt. In China sammeln sich in einer wachsenden Anzahl von Arbeiten die Belege über die Emission und Übertragung von Qi durch den Qigong-Spezialisten und darüber, wie sie im Patienten konzentriert werden können, um eine Balance des Qi herzustellen und vorhandene Disharmonien zu beseitigen.

Für diese Heilmethode ist es natürlich entscheidend, daß der Heiler über ein kraftvolles und robustes Energiesystem verfügt, das darauf beruht, daß er viele der eben erörterten Qigong-Techniken selbst ausübt. Außerdem gibt es bestimmte Handhaltungen, die für die Emission von Qi gelehrt werden, zum Beispiel Techniken wie die „Fünf Donner-Finger" und die „Gespreizte Klaue".

In China kann die Heilung durch Qigong mit Akupunktur verbunden werden. Das Qi wird auf besondere Akupunkturnadeln übertragen, um die therapeutische Wirkung zu verstärken.

Diese Praxis wird erst allmählich im Westen besser bekannt, und sie stellt für manche Leute, auch für Fachleute der chinesischen Medizin, eine sehr herausfordernde konzeptuelle Neuerung dar. Wahrscheinlich ist eine ganze Menge an zusätzlicher Forschung und Ausbildung nötig, bevor diese Techniken ein regulärer Teil des therapeutischen Arsenals westlicher Fachleute für chinesische Medizin werden.

Wir haben in diesem Buch immer wieder betont, daß die chinesische Medizin auf einer energetischen Ebene arbeitet, aus der sich wiederum Veränderungen auf der physischen Ebene ergeben. Daher sollte niemand daran zweifeln, daß die Emission und Übertragung von Qi etwas Reales ist. Daraus folgt, daß diese Techniken ein tiefes Verständnis der chinesischen Medizin, eine spezielle Ausbildung und viel praktische Übung voraussetzen. Wenn jemand behauptet, Qigong-Heilungen durchzuführen, dann bedeutet das, daß er oder sie mit machtvollen energetischen Kräften arbeitet. Deshalb sollten Sie sich gut über die Qualifikationen des Praktizierenden informieren.

Qigong als spezifisch therapeutische Methode der chinesischen Medizin ist ein Bereich, der sich im Westen gerade erst in der Entwicklung befindet. Er hat das Potential, neben Akupunktur und Kräutermedizin eine der Hauptsäulen der medizinischen Praxis zu werden. In der Zwischenzeit läßt sich aus regelmäßig gemachten einfachen Qigong-Übungen eine Menge Nutzen ziehen.

Ernährung und Lebensweise

Da man die Ernährung als Teil der allgemeinen Lebensweise betrachten kann, werden beide Aspekte zusammen erörtert. Was die Anerkennung der Bedeutung von Einstellungen und Verhaltensmustern für die Gesundheit und das Wohlbefinden des Menschen angeht, unterscheidet sich die chinesische Medizin nicht von der westlichen. Deshalb enthält jeder Behandlungsplan, der zwischen Fachmann und Patient ausgemacht wird, Ratschläge bezüglich dieser Punkte.

Gesunde Ernährungsmuster

Wie alles in der chinesischen Medizin ist auch die angemessene Ernährung eine Frage der Balance. Der mittlere Jiao ist der Bereich des Körpers, der sich mit der Verdauung befaßt. Er entzieht der aufgenommenen Nahrung das Gu Qi und sendet es hinauf zu den Lungen. Die allgemeine Robustheit des mittleren Jiao-Bereichs wird durch die Nahrung erhalten, und die Vitalität der aufgenommenen Nahrung ist für diesen Prozeß entscheidend.

Es wird davon ausgegangen, daß Nahrung sowohl innere als auch äußere Eigenschaften besitzt. Was ihre inneren Eigenschaften angeht, so kann jede Speise energetisch heiß, warm, neutral, kühl, kalt und feucht sein. Zusätzlich hat die Nahrung auch noch äußere Qualitäten, die davon abhängen, ob und wie stark sie gekocht wurde.

Nach allgemeiner Einschätzung muß die Milz warm, aber nicht übermäßig heiß sein, um ihre Aufgaben in bezug auf die Verdauung ausüben zu können. Die chinesische Medizin würde also vorschlagen, daß es Speisen gut tut, wenn sie in erster Linie gekocht sind und etwas mehr energetisch wärmende Bestandteile enthalten, um auf diese Weise die gesunde Funktion der Milz und des mittleren

Jiao zu unterstützen. Man sollte beim Essen begrenzte Flüssgkeitsmengen zu sich nehmen, und die Nahrung sollte angemessen gekaut werden, um eine effiziente Verdauung zu sichern. Übermäßiges Essen bringt die Tätigkeit des mittleren Jiao aus dem Gleichgewicht und sollte sorgfältig vermieden werden. Kalte und rohe Speisen, speziell Gefrorenes sollte man nur sparsam genießen. Weitere Faktoren, die eine Rolle spielen, wenn es um Essen geht, sind Klima und Jahreszeit. In kaltem, feuchtem Winterwetter ist es wichtig, energetisch wärmende Nahrungsmittel zu sich zu nehmen. Eine allgemeine Faustregel betrachtet als ideale Ernährung gekochte, warme Speisen, bei denen die Extreme gemieden werden. Die gängige westliche Praxis, die eine Diät aus Salaten und rohen Speisen für gesund hält, wird im chinesischen System ernsthaft in Frage gestellt. Einer der chinesischen Ärzte, die mich ausbildeten, pflegte Vegetarier auszuschelten mit der Begründung, daß so eine Ernährung nicht ausgewogen sei und unausweichlich zu Qi-Mangel führe. Es muß nicht betont werden, daß das natürlich eine sehr pauschale Position ist, aber sie liefert einen Hinweis auf die unterschiedlichen Gewichtungen, die die chinesische Medizin setzt, wenn es um Fragen der Ernährung geht.

Im Idealfall sollte die Nahrung auf organische Weise zubereitet werden, keine Zusatzstoffe enthalten und soweit wie möglich von Verschmutzungen oder Insektengiften frei sein. Gute chinesische Küche legt Wert darauf, jederzeit frische Produkte zu benutzen, bei denen die Kochzeit möglichst gering ist, damit die Nahrung die höchstmögliche Qualität an essentiellem Qi behalten kann.

Für Menschen aus dem Westen ist der Versuch, die Nahrung auf ausschließlich chinesische Weise vorzubereiten oder zu kochen, weder notwendig noch wünschenswert.

Dennoch ist es nützlich, die Bedürfnisse des Körpers in bezug auf Ernährung von einem energetischen Standpunkt aus zu betrachten und sich soweit wie möglich der energetischen Eigenschaften der verzehrten Speisen bewußt zu sein.

Halten Sie vor allem eine gutausgewogene, in erster Linie gekochte Diät, und essen Sie nicht zuviel!

Diätpläne

Wenn wir die Ratschläge zur Diät betrachten, die einen spezifischen Teil des Behandlungsplanes bilden, sollten wir im Gedächtnis behalten, daß wir uns hier genau auf der Grenzlinie zwischen Diät und Kräutertherapie bewegen.

Nahrung hat, wie bereits erwähnt, exakt die gleichen energetischen Qualitäten wie Kräuter. Deshalb kann ein Fachmann für chinesische Medizin verschiedene Speisen oder Speisenkombinationen im Hinblick auf bestimmte festgestellte Disharmoniemuster empfehlen. So empfiehlt er beispielsweise Karotten, um die Milz zu stärken und die Feuchtigkeit aufzulösen. Schweinefleisch kann angeraten werden zur Stärkung von Qi, *Blut* und Yin.

Es ist klar, daß jeder, der für eine bestimmte Disharmonie Ernährungs- bzw. Diätmuster empfiehlt, über eine angemessene Ausbildung und über Hintergrundwissen zur chinesischen Medizin verfügen sollte.

Es gibt eine ganze Reihe von Fragen zur Lebensweise, die sowohl bei der Formulierung einer Diagnose, als auch bei der Planung einer Behandlungsstrategie gestellt werden müssen. Einige dieser Faktoren kann der Patient beeinflussen, andere nicht. Keiner unterliegt der Kontrolle des Fachmannes. Hier einige der wichtigsten:

Beziehungen

Die häuslichen, die beruflichen und die allgemeinen Beziehungen eines Menschen können bei der Betrachtung der Disharmonien von ungeheurer Bedeutung sein. Gute Beziehungen können bei der Überwindung einer Krankheit eine entscheidende Unterstützung darstellen. Schlechte Beziehungen können selbst die umfassendste und wohldurchdachteste Behandlungsstrategie untergraben.

Schwierige Beziehungen können Ärger und Frustration hervorrufen und auf diese Weise zur Stauung von Leber-Qi führen, mit all den möglichen Folgeerscheinungen. Allgemeines Unglücklichsein und allgemeine Angst können das Shen stören, was Probleme wie Schlaflosigkeit hervorrufen kann.

Der behandelnde Praktiker wird unter Umständen den Anteil der Beziehungsprobleme an der Disharmonie des Patienten erläutern und eine Überweisung an einen anderen Fachmann, etwa einen Psychologen oder Therapeuten anraten.

Süchte

In diese Kategorie fallen die verschiedensten Süchte, Fachleute für chinesische Medizin denken allerdings in erster Linie an Tabak- und Alkoholkonsum. Beide unterscheiden sich zwar in vielfacher Hinsicht, und ihr langfristiger Genuß wird sich in unterschiedlichen Disharmonien äußern, aber dennoch weisen sie einige Ähnlichkeiten im energetischen Bereich auf. Beide sind energetisch heiße Substanzen, die Hitze in den Körper bringen. Auf lange Sicht gesehen kann das sehr schädlich sein. Kurzfristig kommt es jedoch zu einem energetischen Nutzen, der die Abhängigkeit erzeugt. Der Hauptpunkt ist dabei, daß die Hitze dazu neigt, das gestaute Qi in Bewegung zu setzen. Bei einer Stauung des Leber-Qi mit allen begleitenden Symptomen setzt der Genuß von Tabak oder Alkohol das gestaute Qi zeitweise in Bewegung und erzeugt auf diese Weise einen wohltuenden Effekt. Nachdem die Wirkung verflogen ist, stagniert das Qi wieder, und ein Teufelskreis entsteht.

Der Fachmann muß in allen Fällen entscheiden, ob es notwendig ist, unmittelbar mit der Sucht zu arbeiten, oder ob es genügt, sich damit in einem späteren Stadium auseinanderzusetzen. Egal wie, es kann ein ziemlich wichtiger Teil des Behandlungsprogramms sein, den Patienten im Umgang mit solchen Süchten zu unterstützen. Die chinesische Medizin kann direkte Hilfe leisten, zum Beispiel kann Akupunktur Rauchern helfen, mit dem Rauchen aufzuhören.

Es versteht sich fast von selbst, daß schwerwiegendere Süchte, wie beispielsweise Drogenmißbrauch, mit Sicherheit das Zentrum der Disharmoniemuster des Patienten bilden und auch so behandelt werden müssen.

Man sollte allerdings nicht vergessen, daß ein Fachmann für chinesische Medizin keine magischen Lösungen hat, und daß die Einstellung und Bereitschaft des Patienten das Problem anzugehen, bei der Einschätzung des Behandlungserfolgs ein entscheidendes Gewicht in die Waagschale wirft.

Körperliche Betätigung

Körperliche Betätigung oder ihr Fehlen kann bei der Arbeit mit manchen Disharmonien von großer Bedeutung sein. Allgemein gesprochen ist mäßige körperliche Aktivität ein sehr guter Weg, um Qi und *Blut* in Bewegung zu halten und auf diese Weise einen reibungslosen Energiefluß im ganzen Körper zu fördern. Daraus folgt, daß das Fehlen mäßiger körperlicher Aktivität zu Trägheit im Körper führt und Stauungen sowie möglicherweise Qi-Mangel herbeiführen kann. In vielen Fällen wird ein Fachmann gemäßigte physische Aktivitäten wie beispielsweise Schwimmen, Spazierengehen und Radfahren empfehlen. Sehr intensive Aktivitäten werden hingegen kaum empfohlen, weil sie zum Entstehen von Disharmonien führen können. Übermäßig betriebener Laufsport zum Beispiel kann für Qi-Mangel im Körper sorgen und macht den Menschen potentiell empfänglich für andere Krankheiten.

Die materielle Umwelt

Zu diesem Thema ist noch eine Anmerkung sinnvoll, gerade angesichts des wachsenden Interesses an der chinesischen Praxis des Feng Shui. Hier ist nicht der Raum, um diesen Punkt in allen Einzelheiten zu erörtern. Lassen wir es mit folgendem Hinweis bewenden: Die Logik des chinesischen Systems sagt, daß der Energiefluß, der mit den Orten verbunden ist, an denen wir leben, und mit der Art, wie wir sie ausrichten und dekorieren, großen Einfluß auf unsere eigenen Energiemuster hat. Es besteht auch eine wichtige Beziehung zu unserer Gesundheit. Wenn wir in einer energetisch ungesunden Umgebung leben oder arbeiten, sind wir wahrscheinlich erheblich empfänglicher für Störungen des Gleichgewichts und für Disharmonien.

Ein Fachmann für chinesische Medizin, der solchen Umweltfaktoren in bezug auf die Disharmonien einer Person Bedeutung zumißt, könnte die Überweisung an einen Feng Shui-Spezialisten vorschlagen.

Die bisherige Diskussion hat gezeigt, daß die therapeutischen Wege, die unter dem Überbegriff „chinesische Medizin" erforscht werden können, beträchtlich und vielfältig sind. Vielleicht der wichtigste Punkt, der sich daraus ergibt, ist die Erkenntnis, daß die unterschiedlichen Stränge der therapeutischen Praxis tatsächlich unter einem gemeinsamen Dach von Theorien und Grundprinzipien vereinigt sind.

Wenn Sie beispielsweise einen Akupunkteur, einen Fachmann für chinesische Kräuterheilkunde, einen Therapeuten für Akupressurmassage und einen Fachmann für Qigong aufsuchen, dürften Sie sehr unterschiedliche Behandlungen erhalten. Ihnen allen liegt jedoch eine gemeinsame Basis zugrunde.

Die meisten Fachleute im Westen sind wahrscheinlich auf eine Schiene festgelegt, da ihre Hauptausbildung sich auf einen der Stränge beschränkt – Akupunktur, Kräuter und so weiter. Eine wachsende Anzahl von Fachleuten ist mittlerweile allerdings in zwei Bereichen ausgebildet, meistens in Kräuterkunde und Akupunktur. Manche Fachleute sind ernsthaft an weiteren Aspekten interessiert, zum Beispiel an der Nutzung von Qigong als therapeutischer Methode zusätzlich zu ihrem Hauptgebiet.

Da die Profession der chinesischen Medizin im Westen wächst und sich weiterentwickelt, ist es nicht abwegig, sich ein Netzwerk von Fachleuten vorzustellen, die die ganze Palette therapeutischer Interventionsmöglichkeiten anbieten. Auf diese Weise könnten Behandlungspläne schneller auf die Bedürfnisse individueller Patienten zugeschnitten werden.

Die ideale chinesisch-medizinische Praxis würde Akupunktur, Kräuterheilkunde, therapeutische Akupressurmassage, Qigong-Übungsklassen und -Behandlung, Beratung zu Lebensweise und persönlichen Problemen und möglicherweise sogar Feng Shui-Beratungen anbieten. Alle Fachleute wären angemessen ausgebildet und registriert und professioneller Beurteilung und Weiterbildung unterworfen. Eine solche Praxis würde eng mit herkömmlichen westlichen Ärzten zusammenarbeiten, um die bestmöglichen Formen der Behandlung für die gemeinsamen Patienten anzubieten.

Fallstudien

Die folgenden Fallstudien werden nicht sehr detailliert vorgestellt. Es wird der Hintergrund zusammen mit dem vorhandenen Problem geschildert und eine chinesische medizinische Diagnose gestellt. Im Mittelpunkt stehen dann die möglichen Behandlungswege, die man nutzen könnte, sei es einzeln oder in Kombination.

Fall 1

Das Problem

Dominik ist 18 Jahre alt. Bei einem Fußballtraining zur Saisonvorbereitung ist er mit seinem rechten Fußgelenk umgeknickt. Das Gelenk ist geschwollen und schmerzt bei Berührung. Er hat Angst, das erste Spiel der Saison in zehn Tagen zu verpassen. Davon abgesehen ist Dominik fit und gesund.

Kommentar

Das ist ein einfaches Kanalproblem. Aus dem diagnostischen Gespräch ergeben sich keine Hinweise auf irgendeine innere Disharmonie.

Diagnose

Es handelt sich um einen Fall von in den Kanälen gestautem Qi und *Blut* aufgrund eines physischen Traumas.

Behandlung

Das Behandlungprinzip besteht darin, die lokale Stauung in den Kanälen aufzulösen, indem Qi und *Blut* in Bewegung gesetzt werden.

Wahrscheinlich wird Akupunktur zur Anwendung kommen, verbunden mit Moxibustion über dem verletzten Bereich: Akupunktur auf dem örtlichen Kanal und den „Ashi"-Punkten. Die Nadeln werden manipuliert, um eine Reduzierung zu erreichen. Das Ganze wird durch eine kräftige Moxa-Anwendung für die akuten Probleme ergänzt. Außerdem kann Akupressurmassage benutzt werden, um den Qi- und den *Blut*-Fluß durch den betroffenen Bereich zu unterstützen.

Fall 2

Das Problem

Annette ist 68 Jahre alt. Sie beklagt sich über einen dumpfen Schmerz, der entlang der Rückseite ihres linken Beines ausstrahlt. Gelegentlich verschärft sich der Schmerz akut. Dieses Problem ist während der letzten zehn Jahre von Zeit zu Zeit aufgeflackert. Sie friert schnell und beschwert sich über Kältegefühle in Rücken und Knien, besonders bei kaltem und feuchtem Wetter.

Kommentar

Das ist eine Verbindung aus einer Mangel- und einer Überschußsituation. Das Ischiasproblem ist wahrscheinlich auf ein Eindringen von Kälte und Feuchtigkeit in die Kanäle des Beins zurückzuführen, hauptsächlich in den Blasenkanal. Andere Merkmale der Fallgeschichte lassen allerdings einen zugrundeliegenden Mangel an Nieren-Yang vermuten.

Diagnose

Befall der Kanäle durch Kälte und Feuchtigkeit und Mangel an Nieren-Yang.

Behandlung

Das Behandlungsprinzip bestünde darin, Kälte und Feuchtigkeit aus den Kanälen zu vertreiben und das Nieren-Yang zu stärken und zu wärmen.

Für das Kanalproblem wäre Akupunktur angezeigt, ergänzt durch Moxibustion auf der Nadel und vielleicht über dem unteren Rückenbereich mit einem Moxa-Behälter. Akupunktur kann bei den akuten Überschußsymptomen starke Wirkung zeigen.

Der Mangel an Nieren-Yang könnte ebenfalls mit Akupunktur und Moxibustion behandelt werden, aber es ist auch möglich, eine Kräuterrezeptur oder ein Markenmedikament zu verabreichen. Wahrscheinlich wäre eine kombinierte Therapie mit Akupunktur und Kräutern effektiv.

Fall 3

Das Problem

Anne ist 21 Jahre alt und wird nächstes Jahr heiraten. Sie hat die klassischen Symptome einer Erkältung: Zittern ohne Fieber, allgemeine Körperschmerzen, Niesen und eine laufende Nase (weißer oder klarer Schleim).

Kommentar

Bei einem Eindringen von Wind und Kälte geht es in der Regel hauptsächlich darum, dafür zu sorgen, daß das Yin nicht in Yang umschlägt, was Wind-Hitze-Symptome zur Folge hätte und damit die viel unerfreulicheren Symptome Fieber, Halsentzündung und so weiter.

Diagnose

Eindringen von Wind-Kälte in die Lungen.

Behandlung

Grundgedanke der Behandlung wäre, Wind und Kälte aus den Lungen zu vertreiben und die Lungen zu stärken.

Das Ansetzen von Schröpfköpfen auf dem Rücken über dem Lungenbereich kann sehr wirkungsvoll die äußeren krankheitserzeugenden Faktoren Wind und Kälte aus den Lungen herausziehen. Das ließe sich durch Akupunktur und/oder eine Kräuterzubereitung ergänzen.

Fall 4

Das Problem

Georg ist 45. Er leidet seit vielen Jahren an Migräneanfällen. Wenn sie beginnen, bekommt er starke, pochende und pulsierende Kopfschmerzen über dem linken Auge und der linken Schläfe. Das Kopfweh wird in der Regel von Sehstörungen wie beispielsweise Lichblitzen begleitet. Seine Sehkraft wird getrübt und undeutlich, besonders das linke Auge. Wenn der Schmerz wirklich schlimm wird, kommt es soweit, daß er sich übergeben muß.

Kommentar

Die Fallgeschichte zeigt, daß Georg an seiner Arbeitsstelle starken Belastungen ausgesetzt ist und zu Hause eine schwierige Beziehung hat. Die Symptome sind vom klassischen Migränetypus. Sie werden in der chinesischen Medizin ohne Ausnahme mit einer Leber-Disharmonie in Verbindung gebracht.

Diagnose

Aufsteigendes Leber-Yang aufgrund eines Mangels an Leber-*Blut* und Leber-Yin. Das ist eine kombinierte Mangel/Überschußlage.

Behandlung

Das Behandlungsprinzip besteht darin, das Leber-Yang zu bändigen und das Leber-*Blut* beziehungsweise Leber-Yin zu stärken.

Die Anfangsbehandlung wird sich darauf konzentrieren, das Yang-Überschußmuster aufzulösen. An dieser Stelle ist Akupunktur mit einer reduzierenden Nadeltechnik angezeigt. Georg kann auch ein paar einfache Akupressurpunkte zur Selbsthilfe kennenlernen, die er oder jemand anders betätigen kann, wenn er einen Anfall kommen fühlt.

Kräutermedikamente können gegeben werden, sowohl um das Leber-Yang zu bändigen, als auch um das Leber-*Blut* zu stärken. In diesem Fall können Akupunktur und Markenmedikamente auf Kräuterbasis zusammen eingesetzt werden.

Fall 5

Das Problem

Agnes ist 32 Jahre alt geworden. Sie leidet an einem Ekzem, seit sie ein Baby war. Zum Zeitpunkt der Konsultation hat sie befallene Stellen auf den Armen, dem Rumpf und um den Mund herum. Das Ekzem ist rot und juckend und sondert Flüssigkeit ab, wenn man daran kratzt. Außerdem leidet sie an Asthma und allergischen Schnupfenanfällen, die in der Regel durch Pollen und Katzenhaare ausgelöst werden.

Kommentar

Es handelt sich hier um ein chronisches Problem, das eine Mangelsituation in Lungen und Nieren geschaffen hat. Diese Annahme wurde durch andere Indikatoren aus dem Diagnosegespräch und der diagnostischen Prüfung bestätigt.

Diagnose

Das Ekzem ist ein chronisches Problem eines Einfalls von Feuchtigkeit und Hitze in die Haut aufgrund eines zugrundeliegenden Mangels an Lungen- und Nieren-Qi und eines Befalls der Haut durch äußeren Wind.

Behandlung

Behandlungsgrundlage ist, den Wind zu vertreiben, die Feuchtigkeit und Hitze aufzulösen und Lungen und Nieren zu stärken.

In solchen Fällen erweisen sich Kräutermedikamente oft als die wirkungsvollste Behandlungsmethode. Man kann Akupunktur anwenden, aber bei Hautproblemen wie Ekzemen ist sie tendenziell nicht so effektiv wie ein Arbeiten mit Kräutern. Die Behandlung wird wahrscheinlich beträchtliche Zeit dauern, und möglicherweise wird Akupunktur angewendet, um die Kräuterbehandlung zu unterstützen.

Fall 6

Das Problem

Maria ist 27 Jahre alt. Sie litt während der vergangenen zehn Monate an chronischer Müdigkeit und Lethargie. Sie ist bleich und dünn und beklagt sich über schlechten Appetit und einen aufgedunsenen Unterleib. Sie hat große Probleme, morgens aufzustehen und in Gang zu kommen.

Kommentar

Weitere Indikatoren im diagnostischen Muster lassen einen chronischen Qi-Mangel vermuten.

Diagnose

Das ist ein klassisches Beispiel für einen Mangel an Milz-Qi. In Marias Fall ist er wahrscheinlich auf einseitige, über einen langen Zeitraum beibehaltene Ernährungsgewohnheiten zurückzuführen.

Behandlung

Die Behandlungsgrundlage in diesem Fall ist die Stärkung des Milz-Qi. Es werden Akupunktur und möglicherweise Kräutermedikamente verabreicht. Darüber hinaus werden der Patientin Ratschläge in bezug auf ihre Ernährung gegeben, und sie wird dazu ermuntert, regelmäßige, gemäßigte körperliche Übungen durchzuführen. Vielleicht wird die Patientin aufgefordert, eine Qigong-Klasse aufzusuchen wenn sie sich etwas besser fühlt, um an der Förderung einer reibungslosen Bewegung des Qi zu arbeiten und um die Nieren zu stärken, die die Yin- und Yang-Energie des Körpers unterstützen.

DIE CHINESISCHE MEDIZIN
IM 21. JAHRHUNDERT

In diesem letzten Kapitel möchte ich einen spekulativen Blick nach vorn werfen, auf die Rolle, die die chinesische Medizin in der Gesundheitsvorsorge des 21. Jahrhunderts spielen könnte. Die Gedanken, die ich hier vorstellen werde, sind zum Teil bereits formuliert worden, zum Teil vielleicht auch nicht. Ich gehe hier überwiegend intuitiv vor, und wenn Sie dieses Kapitel lesen, sollten auch Sie das tun. Versuchen Sie, kein schnelles Urteil zu fällen. Wenn Ihnen die Ideen nicht gefallen, dann weisen Sie sie zurück. Sollten Sie gut damit zurechtkommen, dann werden Sie vielleicht dazu beitragen, sie besser zu artikulieren.

Die chinesische Medizin heute

Es besteht kein Zweifel, daß die Praktiken der chinesischen Medizin gegen Ende dieses Jahrhunderts innerhalb der westlichen Kultur auf zunehmende Akzeptanz stoßen werden. Ich habe hier bewußt das Wort „Praktiken" benutzt. Denn während Akupunktur, Kräuterheilkunde, Massage und so weiter als Therapieformen geschätzt werden, gibt es deutlich weniger Hinweise darauf, daß die Philosophie und die Theorien der chinesischen Medizin ebenfalls mit offenen Armen begrüßt werden. Die Gründe dafür weisen in zwei Richtungen.

Einerseits zeigen Akupunktur, Kräuterheilmittel und so weiter offensichtliche Wirkungen: Sie bringen eine Linderung der Symptome und helfen oft bei einer ganzen

Reihe von Störungen, wo die Vorgehensweisen der westlichen Medizin nur begrenzte Erfolge erzielen. Das hat allerdings zu der eher fragwürdigen Praxis westlich ausgebildeter Anwender geführt, simple Symptomlisten auswendig zu lernen.

Ein Beispiel: Einfache Behandlungsstrategien der Akupunktur für unkomplizierte Problemlagen – in der Regel Kanal-Disharmonien – werden erlernt, ohne daß ein Verständnis für die Theorien und Prinzipien dahinter vorhanden ist. Das geht gut, solange es geht, aber es führt tendenziell zu einer sehr oberflächlichen Sicht von Akupunktur, die versucht, die Wirkungen in den Begriffen physiologischer Prozesse zu erfassen. Solange die chinesische Medizin auf diesem Niveau toleriert wird, geht man der Theorie und der Philosophie zwangsläufig aus dem Weg, und nur die einfachen Techniken werden begrüßt.

Das zweite Problem liegt dem ersten zugrunde, ist aber viel grundsätzlicherer Natur. Wird die chinesische Medizin in ihrer Gänze übernommen, dann muß damit auch die Vorstellung vom Menschen als einem subtilen Energiesystem angenommen werden. Das geht vielen westlichen Medizinern zweifellos zu weit – zumindest zum gegenwärtigen Zeitpunkt.

In den letzten zehn Jahren konzentrierte sich die chinesische Medizin darauf, innerhalb des westlichen kulturellen Kontextes ein professionelles Image und eine professionelle Identität aufzubauen. Das war absolut lebensnotwendig. Die Notwendigkeit, Standards bei der Ausbildung zu setzen, die Anerkennung von Trainingskursen, die Aneignung hoher ethischer und professioneller Maßstäbe und der Versuch der Registrierung von Praktizierenden, waren samt und sonders entscheidend, um der Profession den Status und den Respekt zu verschaffen, den sie innerhalb der westlichen Gesellschaft braucht und verdient.

So befindet sich die chinesische Medizin – jedenfalls in Großbritannien – auf einer interessanten Entwicklungsstufe. Der Charakter der Beziehungen zwischen dem chinesischen und dem westlichen Ansatz wird es erforderlich machen, diese grundsätzlicheren Themen anzugehen. In China scheinen sich die beiden Ansätze relativ gut miteinander zu vertragen, und es gibt keinen Grund, warum das nicht auch anderswo der Fall sein könnte.

Energetische Anatomie

In dem Buch *Vibrational Medicine* von Richard Gerber[1] wird die Vorstellung einer energetischen Anatomie in hervorragender Weise diskutiert. Auch wir werden einige der wichtigsten Ideen hier zusammenfassen. Wir werden drei energetische Traditionen betrachten und untersuchen, wie sie beginnen können, sich aufeinander zuzubewegen. Bei den drei Traditionen handelt es sich um die menschlichen Energiefelder aus der mystischen Tradition des Westens, das Chakrasystem der indischen Tradition und das Qi- und Meridiansystem der chinesischen Medizin.

Die menschlichen Energiefelder

Über die Energiefelder, die das menschliche Lebewesen ausmachen, ist viel geschrieben worden. Es wurde behauptet, daß der physische Körper nur die dichteste Stufe energetischer Substanz sei, die innerhalb eines Frequenzbereichs existiert, der sie sowohl sichtbar als auch berührbar mache. Es gibt andere „Ebenen" energetischer Substanz, die die physische Stufe auf zunehmend feineren Frequenzen umgeben. Die verschiedenen Stufen, die existieren sollen, sind:

- die physische Ebene
- die ätherische Ebene
- die astrale Ebene
- die mentale Ebene (mit den Unterebenen Instinkt, Intellekt und Spiritualität)
- die kausale Ebene oder die Ebene des reinen Geistes

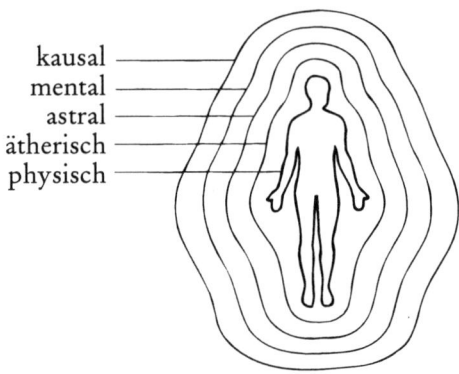

kausal
mental
astral
ätherisch
physisch

Die menschlichen Energiefelder

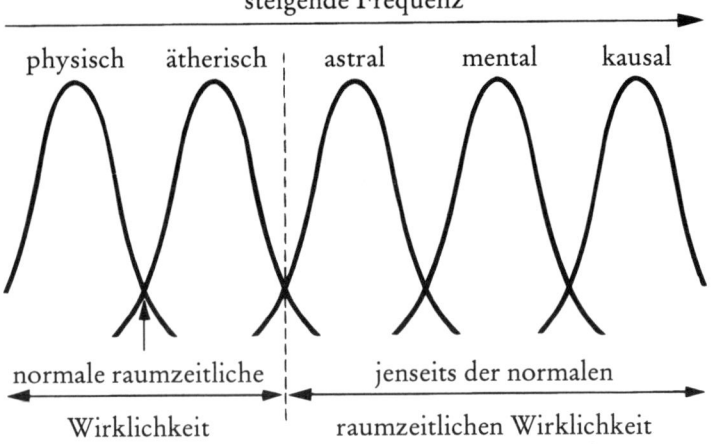

steigende Frequenz

physisch   ätherisch   astral   mental   kausal

normale raumzeitliche   jenseits der normalen

Wirklichkeit   raumzeitlichen Wirklichkeit

Interaktionen der Energiefelder

Jede Energieebene steht in einer Wechselbeziehung zu ihrem Nachbarn. Es wird behauptet, daß der Entwicklung und Organisation des physischen Körpers Impulse durch die Energiekörper der höheren Frequenzen vorangehen. Bei der Entwicklung des physischen Körpers beginnt das Organisationsfeld also auf der Ebene des reinen Geistes bzw. auf der kausalen Ebene, die dann eine Organisationsmatrix auf der mentalen Ebene erzeugt. Die wiederum läßt das gleiche auf der astralen Ebene entstehen, dann auf der ätherischen Ebene, und schließlich manifestieren sich die Organisationsmuster in physischer Form – der menschliche Körper. Also – und an dieser Stelle unterscheidet sich die energetische Sicht des Körpers dramatisch von der mechanistischen Sicht – geht die energetische Organisation des Körpers der physischen voraus, nicht umgekehrt!

Das Chakrasystem
Die Vorstellung von den sieben großen Chakrazentren des Körpers und den Myriaden kleinerer Chakras existiert schon seit langer Zeit in der indischen spirituellen Tradition. Alte indische Texte behaupten, daß die Chakras den Charakter von Energiewirbeln oder -zentren hätten, die inmitten unserer subtilen Energiestufen oder -körper existieren und einen direkten Zugang zu der zellularen Struktur des physischen Körpers ermöglichen. Die Chakras übernehmen die Funktion von „Energietransformatoren" und ermöglichen es organisierenden Energiefeldern mit höherer Frequenz auf den relativ niedrigeren Frequenzebenen des physischen Körpers zu arbeiten. Jedes große Chakra scheint mit einer bestimmten Drüse des endokrinen Systems in Verbindung zu stehen und schafft einen Zugang zu den hormonellen Flüssen und Veränderungen im Körper.

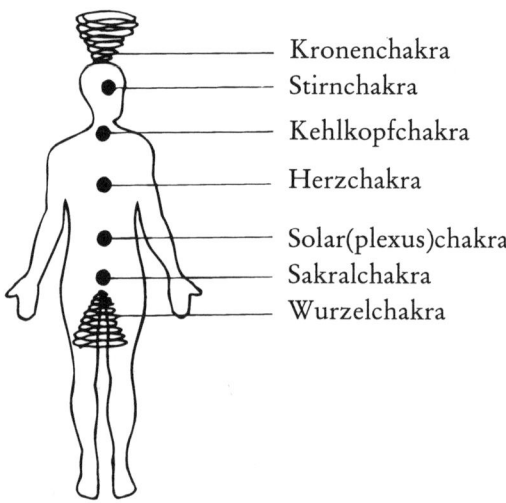

Kronenchakra
Stirnchakra
Kehlkopfchakra
Herzchakra
Solar(plexus)chakra
Sakralchakra
Wurzelchakra

Das Chakrasystem

Die Chakras sollen miteinander verknüpft sein und im Körper über feine energetische Kanäle in Verbindung stehen, die „Nadis" genannt werden. Es ist verführerisch zu vermuten, daß Chakras und Nadis lediglich andere Bezeichnungen für die Akupunkturpunkte und das Meridiansystem sind. Die Literatur legt allerdings die Vermutung nahe, daß sie auf einer subtileren Stufe arbeiten als das Meridiansystem und es im Endeffekt ergänzen.

Die Arbeiten der intuitiven Medizinerin Caroline Myss[2] zeigen, daß gedankliche Vorgänge und emotionale Reaktionen eindeutig mit allen Chakras verbunden sind, und daß Ungleichgewichte oder Blockaden im Energiefluß, die mit den Chakras in Verbindung stehen, unmittelbar in physische Krankheiten münden können. Sie beschreibt Krankheit als Funktion der Zeit, die wir in unserem Zellgewebe gebunden haben, und weist damit eindeutig auf die Tatsache hin, daß es mehr subtile Energieprozesse gibt, die

200

außerhalb unseres normalen raumzeitlichen Rahmens existieren und die über die Verbindung mit dem Chakrasystem direkt auf den physischen Körper einwirken können.

Das Qi-Energie- und Meridiansystem
Der dritte „anatomische" Teil unseres Energiesystems wird in der Theorie der chinesischen Medizin formuliert. Es hat den Anschein, daß der Qi-Fluß und das Meridian- oder Kanalnetzwerk am Berührungspunkt zwischen dem physischen und dem nicht berührbaren energetischen System aktiv sind. Da der ätherische Körper als der nächste Nachbar des physischen Körpers gilt, kann man die Meridiane mit einem Ausdruck Richard Gerbers als „physisch-ätherische Schnittstelle" betrachten. So tritt also die Qi-Energie des Universums durch die ätherische Energieebene ein, findet ihren Eingang in den Körper durch die größeren und kleineren Akupunkturpunkte und fließt durch die Energiegradienten und -konzentrationen, die wir das Meridiansystem nennen.

Tritt also eine Disharmonie im Körper auf, egal aus welchem Grund, dann hat sie sich zuerst auf der ätherischen Ebene manifestiert und vielleicht noch vorher auf den subtileren Energiestufen. Körperliche Krankheit steht am Ende einer Kette von energetischen Prozessen, an denen unter Umständen Ungleichgewichte beteiligt sind, die durch das System von Chakras und Nadis eindringen, und solche, die durch das Meridiansystem eindringen.

Es ist allgemein bekannt, daß sich an den Akupunkturpunkten der Hautwiderstand ändert und daß sich diese Tatsache in der chinesischen Medizin nutzen läßt, um die Punkte zu lokalisieren. Deshalb wurde irrtümlicherweise angenommen, die Meridiane seien ein elektromagnetisches Netzwerk und diese Tatsache würde letztendlich eine konventionelle Erklärung des Geschehens bei der Akupunktur liefern.

Neuere Forschungen, die Julian Kenyon mit finanzieller Hilfe der Dove Healing Stiftung gemacht hat[3], scheinen auf eine ziemlich einzigartige Dimension energetischer, skalarer Felder hinzuweisen, die mit den konventionellen elektromagnetischen Feldern wenig zu tun haben.

Wie könnte die chinesische Medizin funktionieren?

Es wurde schon zu Beginn dieses Buches hervorgehoben, daß sich die chinesische Medizin im wesentlichen als eine empirische Wissenschaft entwickelt hat, in der Effekte aufgezeichnet und Erklärungen in Form der Grundprinzipien gegeben wurden. Als therapeutisches Unternehmen tut dieses System gute Dienste und wird es auch weiterhin tun. Wenn wir uns allerdings auf die Erforschung des „Warum" der energetischen Medizin zubewegen, stellen sich Fragen wie zum Beispiel, was tatsächlich auf der energetische Stufe vor sich geht, sobald eine Akupunkturnadel in den Körper eingestochen oder ein bestimmtes Kräutermedikament verabreicht wird.

Wenn wir die Vorstellung akzeptieren können, daß der Körper im Grunde ein energetisches Netzwerk ist, das auf unterschiedlichen Frequenzen schwingt, lassen sich ein paar Hypothesen in Erwägung ziehen.

Die unterschiedlichen energetischen Schwingungsebenen entsprechen den physischen und nicht-physischen Aspekten unserer Existenz. Manche davon, etwa unsere Haut, Knochen, Muskeln, Blutversorgung und Organe können wir sehen, berühren und direkt beeinflussen. Andere Aspekte, wie unsere Chakras, unser Meridiansystem und unseren Qi-Fluß können wir nicht sehen,

berühren oder direkt beeinflussen, aber wir schließen auf
ihre Existenz aufgrund der subtilen Wirkung von Praktiken wie die aus der chinesischen Medizin.

Wie bereits angedeutet: Wenn unser Körper eine Krankheit oder eine Disharmonie erleidet, entwickelt sich diese
zuerst in der ordnenden Energiematrix. Diese Energiematrix besteht aus einer hochkomplexen Menge von miteinander in Wechselwirkung stehenden Frequenzen. Der Biologe
Rupert Sheldrake hat eine außerordentlich umstrittene
Sicht vorgetragen: Alle lebenden Systeme werden in ihrem
Wachstum und in ihren Entwicklungsmustern von ordnenden Matrizen bestimmt, die er „morphogenetische Felder"
nennt[4]. Wenn sich eine Krankheit entwickelt, könnte man
sie als „Schatten" in der Matrix betrachten. Wird die Krankheit chronisch, dann setzt sich der „Schatten" fest, und es
wird immer unwahrscheinlicher, daß die ursprüngliche,
„gesunde" Matrix sich wiederherstellt.

Wenn nun ein Patient mit einer bestimmten Disharmonie zu einem Fachmann für chinesische Medizin kommt,
dann schlägt der Fachmann unter Umständen Akupunktur vor. Werden die Nadeln an den entsprechenden
Akupunkturpunkten eingesetzt, sorgen sie vielleicht für
irgendeine Form von positiver, harmonischer Resonanz in
dem energetischen Feld. Dieser Vorgang setzt eine Reor-
ganisation der energetischen Matrix in Richtung ihrer
ursprünglichen „gesunden" Struktur in Gang. Wenn der
Normalzustand der energetischen Struktur wiederhergestellt worden ist, ergibt sich daraus ein Folgeeffekt auf der
physischen Ebene, der eine Linderung der Symptome und
die Wiederherstellung der Balance an Stelle der ursprünglichen Disharmonie bewirkt.

Ein Vergleich kann hier helfen. Wenn eine Stimmgabel
angeschlagen wird, erzeugt sie eine Reihe „sympathisie-
render" harmonischer Schwingungen, die erstaunliche

physikalische Konsequenzen haben können. Wenn Phase und Frequenz stimmen, können sie zum Beispiel ein Glas zerschmettern.

Es kann also gut sein, daß die chinesische Medizin funktioniert, indem sie die ordnende Energiematrix beeinflußt, und zwar über das Medium stimulierender Frequenzen im Qi-Fluß des Körpers. Diese Frequenzen stehen ihrerseits durch die von Richard Gerber beschriebene physisch-ätherische Schnittstelle in einer Wechselbeziehung mit den ursprünglichen Energieebenen.

Ich behaupte, daß die drei oben sehr kurz umrissenen Systeme das Herzstück einer Entwicklung bilden, die zu einem tiefen Verständnis dafür führen wird, daß wir menschlichen Wesen nicht nur physische Körper sind, sondern hochkomplexe multidimensionale Energiewesen, die in manchen Aspekten nicht nur die Dimensionen der Frequenzen, sondern auch die raumzeitlichen Dimensionen überschreiten.

Eine der aufregenderen und umstritteneren Behauptungen über die Heilungen durch Qigong ist beispielsweise, daß die Wirkungen unabhängig von Raum und Zeit erlebt werden können. Anders formuliert, der Qigong-Heiler muß sich weder physisch noch zeitlich in Berührung mit dem Patienten befinden. Das weist starke Ähnlichkeiten mit den Berichten über Distanzheilungen auf.

Dies alles bleibt ein Bereich von Hypothesen, Spekulation, Debatten und Kontroversen. Wenn die Ideen einer energetischen Medizin jedoch ernstzunehmend sind, müssen Wissenschaftler, Praktiker und Patienten aktiv an dieser Diskussion teilnehmen. Die chinesische Medizin mit ihrer langen Geschichte und ihren belegten Erfolgen als therapeutisches Instrument muß eine tragende Stütze dieses entstehenden neuen Paradigmas werden. Sie verfügt ohne Zweifel über das am klarsten formulierte energetische Anatomie- und Physiologiesystem, das zur Zeit entwickelt ist. Sie setzt anscheinend direkt an der Schnittstelle zwischen der physisch-energetischen Ebene und den nicht-physischen energetischen Ebenen an. Damit ist sie von entscheidender Bedeutung für das Verständnis dieser Vorgänge und für den Aufbau eines neuen therapeutischen Paradigmas für das 21. Jahrhundert.

Die Ideen und Hypothesen, die in diesem abschließenden Kapitel entwickelt wurden, sind überwiegend meine persönlichen Vorstellungen. Die ganze Geschichte wird viel, viel komplexer und erstaunlicher werden, als ich sie hier andeuten konnte. Wenn dieses Buch es schließlich und endlich geschafft hat, Sie zu informieren, Ihr Interesse an chinesischer Medizin zu wecken und die Rolle zu erläutern, die sie in der Gesundheitsvorsorge der Zukunft spielen könnte, dann hat es seinen Zweck mehr als erfüllt.

ANMERKUNGEN

Einführung

(1) Kungfutse: *Gespräche (Lun Yü),* aus dem Chinesischen verdeutscht und erläutert von Richard Wilhelm, Diederichs, Jena, 1910, XIII, 22
(2) Kaptchuk, Ted: *Das große Buch der chinesischen Medizin – Die Medizin von Yin und Yang in Theorie und Praxis,* Barth, 1990, Anhang I (Historische Bibliographie) S. 409
(3) A.a.O., S. 411
(4) A.a.O., S. 410

Die Grundsubstanzen

(1) A.a.O., S. 46

Die chinesische Medizin im 21. Jahrhunderts

(1) Gerber, Richard: *Vibrational Medicine,* Bear & Co, Santa Fé, 1988
(2) Caroline M. Myss und C. Norman Shealy: *Creation of Health,* Stillpoint, Walpole, NH, 1988
(3) Kenyon, Julian: *Caduceus,* Issue 19, 1993, S. 10
(4) Sheldrake, Rupert: *Das Gedächtnis der Natur,* Scherz, München, 1990

ANHANG
MUSTERLÖSUNGEN DER ÜBUNGEN

Die Übung zu Yin und Yang (von Seite 30)

Situation	Yin oder Yang?	Veränderung
1. Ein Klassenzimmer voller Tumult.	Yang	Der Lehrer gibt der Klasse Arbeit.
2. Ein geparktes Auto.	Yin	Steigen Sie ein und fahren Sie weg.
3. Ein Eisblock.	Yin	Erwärmen und schmelzen Sie ihn.
4. Eine kolossale Migräne.	Yang	Nehmen Sie ein Schmerzmittel.
5. Ein unvollendetes Puzzle:	Yin	Vervollständigen Sie das Puzzle.
6. Ein Golfer, der einen Putt machen will:	Yin	Er macht den Putt.
7. Ein plötzlicher Durchfall.	Yang	Nehmen Sie eine entsprechende Medizin.
8. Ein startendes Flugzeug.	Yang	Ein Flugzeug, das bereits fliegt.
9. Ein Politiker, der eine Rede hält.	Yang	Der Politiker beendet seine Rede. (Beifall!)
10. Ein hartgekochtes Ei.	Yin	Rollen Sie es einen Hügel hinunter.
11. Ein rohes Ei.	Yin	Kochen Sie es.
12. Eine CD von einer Heavy-Metal Band.	Yin	Legen Sie sie auf!

13. Eine Klaviersonate von Mozart, die Sie gerade spielen.	Yang	Hören Sie auf zu spielen.
14. Ein Läufer am Ende eines Marathonlaufs.	Yang	Ein Läufer am Start eines Marathonlaufs.
15. Eine Münze.	Yin	Geben Sie sie aus.
16. Ein Schachspiel.	Yin	Fangen Sie an zu spielen.
17. Ein Tüte mit Sorbet.	Yin	Trinken Sie das Sorbet.
18. Ein Auto, dem das Benzin ausgegangen ist.	Yin	Füllen Sie den Tank und starten Sie den Motor.
19. Ein Buch.	Yin	Lesen Sie es.
20. Ein Mensch, der gerade eine Tai Chi-Übung macht.	Yang	Er nimmt eine statische Qigong-Position ein.
21. Ein Baby mit einer Kolik.	Yang	Beruhigen Sie das Baby, indem Sie es füttern.
22. Ein heißer Sommertag.	Yang	Eine Sommernacht.
23. Ein Gähnen.	Yang	Gehen Sie ins Bett!
24. Ein Video mit Aerobic-Übungen.	Yin	Machen Sie die Übungen mit.
25. Ihre Gedankengänge im gegenwärtigen Augenblick.	Wer weiß?	Nur Sie können das wissen!

Welche Muster können Sie erkennen? (von Seite 157)

Allgemeine Überlegungen
Hier stecken in der allgemeinen Situation einige erwähnenswerte Faktoren:

1. Maria ist Physiotherapeutin und muß deshalb wahrscheinlich von Zeit zu Zeit schwere körperliche Arbeit verrichten.

2. Sie hat einen fordernden Beruf und steht aufgrund ihrer Beförderung unter großem Druck.
3. Sie befindet sich in einer extremen Streßsituation, die vom Zerbrechen ihrer Ehe herrührt, einer anscheinend sehr schwierigen und bitteren Angelegenheit.
4. Ihre Ernährungsgewohnheiten sind nicht gut.
5. Ihre emotionale Struktur ist sehr launenhaft und reizbar.

Was ist also los?

Wahrscheinlich ist das vorherrschende Problem der Streß, sowohl aufgrund ihrer Arbeit als auch aufgrund ihrer familiären Situation. Dadurch wurde ihr Leber-Qi zum Stillstand gebracht. Diese Vermutung legt das Muster ihrer emotionalen Ausbrüche nahe, die sich vor ihrer Periode verschlimmern, das Gefühl eines Kloßes im Hals und der drahtige Puls.

Außerdem ist es wahrscheinlich, daß die Leber die Milz befallen hat, die sich ihrerseits wahrscheinlich durch die unregelmäßigen und widersprüchlichen Ernährungsgewohnheiten in einer Mangelsituation befindet. Auf diese Weise entstehen Qi-Mangelsymptome, wie das Gefühl der Aufgedunsenheit, die schweren Beine und die allgemeine Lethargie. Die leichten Zahnabdrücke signalisieren ebenfalls einen Mangel an Milz-Qi. Demnach lautet die Diagnose:

Stauung des Leber-Qi (Überflußmuster) und Mangel an Milz-Qi (Mangelmuster)

Prinzip der Behandlung wäre es, den reibungslosen Fluß des Leber-Qi zu fördern und die Milz zu stärken. Maria müßte ausgewogenere Eßgewohnheiten annehmen. Man könnte ihr empfehlen, eine Beratung aufzusuchen, um besser durch ihre Ehescheidung zu kommen. Akupunktur und/oder Kräutermedikamente wären in diesem Fall angebracht.

LITERATUR

Die folgende Literaturliste ist in keiner Weise vollständig, aber sie nennt gute Quellen für eine vertiefende Lektüre

Chinesische Medizin

Chinesische Medizin: Theoretische Grundlagen, Diagnostik, Akupunktur, Arzneimittel, Taiji, Qigong – Organ der Internationalen Gesellschaft für chinesische Medizin e. V., Urban & Vogel, München, erscheint vierteljährlich

Kaptchuk, Ted: *Das große Buch der chinesischen Medizin – Die Medizin von Yin und Yang in Theorie und Praxis*, Barth, München 1990

Maciocia, Giovanni: *Die Grundlagen der chinesischen Medizin: Ein Lehrbuch für Akupunkteure und Arzneimitteltherapeuten*, Verlag für traditionelle chinesische Medizin Wühr, Kötzting, Bayr. Wald, 1994

Palos, Stefan: *Chinesische Heilkunst: Das Standardwerk zur Einführung in Theorie und Praxis der altbewährten Naturheilkunde der Chinesen – Akupunktur, Moxibustion, Heilmassage, Heilgymnastik, Atemtherapie, Pharmakologie*, Econ, Düsseldorf, 1990

Porkert, Manfred: *Die chinesische Medizin*, Econ, Düsseldorf, 1992

Schmidt, Wolfgang A.G.: *Die alte Heilkunst der Chinesen – Ihre Kultur und Anwendung*, Herder, Freiburg. Berlin. Basel, 1992

Akupunktur, Akupressur, Moxibustion

Connelly, Dianne M.: *Traditionelle Akupunktur: Das Gesetz der fünf Elemente*, Endrich, Heidelberg, 1988
Foen Tjoeng Lie: *Akupressur: chinesische Punktmassage*, Falken, Niedernhausen, 1988
Stux, Gabriel: *Akupunktur, Akupressur, Moxibustion*, Birkhäuser, Basel, 1990

Chinesische Kräutermedizin

Bensky, D. und Barolet R.: *Chinese Herbal Medicine, Formulas & Strategies*, Eastland, Seattle, 1993
Bensky, D. und Gamble A.: *Chinese Herbal Medicine, Materia Medica*, Eastland, Seattle, 1993
Fratkin, J.: *Chinese Herbal Patent Formulas*, Shya, Boulder, 1986

Chinesische Diättherapie

Flaws, Bob und Honora Wolfe: *Das Yin und Yang der Ernährung: Das Handbuch der chinesischen Ernährungslehre; die moderne Umsetzung ihrer Grundlagen, Methoden und Rezepte; mit einem Verzeichnis der energetischen Werte von über 150 Lebensmitteln*, Barth, München, 1992
Temelie, Barbara: *Ernährung nach den fünf Elementen*, drei Bd., Joy, Sulzberg

Tai Chi und Qigong

Chuen, Lam Kam: *Energie und Lebenskraft durch Chi Gong*, Mosaik Verlag, München, 1993

Huang, Al Chung Liang: *Lebensschwung durch T'ai-chi – Ein chinesischen Meister der Rythmik lehrt die Meditation in der Bewegung*, mit einem Vorwort von Alan Watts, Barth, München, 1990

Qingshan, Liu: *Qigong – Der chinesische Weg für ein langes gesundes Leben*, Irisiana, München, 1992

Song, Z.J.: *T'ai-Chi Ch'üan*, drei Bde, Piper, München, 1991

Rowek, Dietrich: *Qigong und I Ging – Die kostbaren acht Brokatübungen nach dem altchinesischen Weisheitsbuch I Ging*, Joy, Sulzberg, 1995

Zhu, Longyu und Liselotte Petersohn: *Qigong: Das Übungssystem der chinesischen Medizin zur Gesundung und Gesunderhaltung – Einführung in die Qigong Therapie*, Haug, Heidelberg, 1989

Chinesische Philosophie

Laotse: *Tao Te King: Das Buch vom Sinn und Leben*, übers. und mit einem Kommentar versehen von Richard Wilhelm, Diederichs, München, 1991

Palmer, Martin: *Taoismus*, Aurum, Braunschweig, 1994

Walker, Brian: *Dies sagte Laotse – Die unbekannten Lehren des Hua-hu ching*, Aurum, Braunscheig, 1995

Wilhelm, Richard: *I Ging – Text und Materialien*, Diederichs, München, 1990

Allgemeine Gesundheitsvorsorge

Gerber, Richard: *Vibrational Medicine*, Bear & Co, Santa Fé, 1988

Caroline M. Myss und C. Norman Shealy: *Creation of Health*, Stillpoint, Walpole, NH, 1988

GLOSSAR

Acht Grundmuster, die: Das System der chinesischen Medizin, mit dem die diagnostischen Informationen entsprechend den Prinzipien von Yin und Yang, Innen und Außen, Hitze und Kälte sowie Mangel und Überschuß geordnet werden.

Äußerlich: In die Kategorie „Äußerlich" werden in der chinesischen Medizin alle Faktoren eingeordnet, die den Körper von außen beeinflussen.

Akupressur: Folgt den gleichen Grundprinzipien wie die Akupunktur, aber das Qi wird über Druck und Massage statt über Nadeln beeinflußt.

Akupunktur: Behandlungtechnik der chinesischen Medizin, bei der der Qi-Fluß im Körper über das Einstechen feiner Nadeln an bestimmten Körperstellen beeinflußt wird.

An Mo: Chinesisch für Massage, wörtlich: „drücken" und „reiben".

Blut: Die chinesiche Vorstellung von *Blut* unterscheidet sich von der westlichen Sichtweise.

Chakra: Energiezentrum des Körpers. Die Vorstellung beruht auf der indischen Sichtweise des energetischen Körpers.

Chong Mai: Das verbindende Gefäß, einer der acht außerordentlichen Meridiane.

Dai Mai: Das Gürtelgefäß, einer der acht außerordentlichen Meridiane.

Dan Tien: Energiezentrum des Körpers. Es wird davon ausgegangen, daß es drei gibt, ein oberes (zwischen den

Augenbrauen), ein mittleres (in der Rumpfmitte) und ein unteres (im unteren Unterleibsbereich). Hier soll das Qi gespeichert sein.

Dayan Qigong: Die Wildgansform des Qigong. Eine Folge von Bewegungsübungen, die auf den Bewegungen der Wildgänse basiert.

Drei Schätze, die: Der Sammelbegriff für Qi, Jing und Shen.

Du Mai: Das Lenkergefäß, einer der acht außerordentlichen Meridiane.

Energiekörper: Die Energie-"Hüllen", die den Körper umgeben sollen.

Extra Fu: Die in der chinesischen Medizin weniger wichtigen „kleineren" Organe.

Feng Shui: Ein chinesisches System, das die Energiemuster der materiellen Umwelt analysiert.

Fu: Die hohlen Yang-Organe des Körpers.

Fünf Elemente/Phasen, die: Das System innerhalb der chinesischen Medizin, das auf Beobachtungen der natürlichen Welt aufgebaut ist. Es basiert auf den Elementen Wasser, Holz, Feuer, Metall und Erde.

Fünf-Flächen-Schweiß: Ein charakteristischer Schweiß, der mit Yin-Mangel in Verbindung steht. Er tritt auf den Handflächen, den Fußsohlen und dem Brustkorb auf.

Gan: Süß, eine der Geschmackskategorien der chinesischen Kräuterkunde.

Gu Qi: Das Qi, das im Magen den verdauten Speisen und Getränken entzogen wird.

Hegu: Der Akupunkturpunkt vier des Dickdarms, übersetzt: Tigermaul.

Innerlich: In die Kategorie „Innerlich" werden in der chinesischen Medizin alle Disharmonien eingeordnet, die im Körper entstehen.

Jiao: Bezieht sich auf die Körperbereiche, bedeutet „Erhitzer" oder „Brenner".

Jin Ye: Die Körperflüssigkeiten. Jin steht für die dichteren Flüssigkeiten, Ye steht für die leichteren Flüssigkeiten.

Jing: Die Grundsubstanz allen Lebens im Körper. Die Energie, die unsere Entwicklung lenkt.

Jing Luo Zhi Qi: Das Qi, das durch die Meridiane fließt.

Jue Yin: Die Arm- und Beinkanäle des Herzbeutels und der Leber.

Kanäle: Die Pfade, auf denen sich der Qi-Fluß des Körpers konzentriert (siehe auch Meridiane).

Ke-Kreislauf: Der Zyklus gegenseitiger Kontrolle im System der Fünf Elemente.

Kong Qi: Qi, das in den Lungen der Luft entzogen wird.

Ku: Bitter, eine der Geschmackskategorien der chinesischen Kräuterkunde.

Laogong: Akupunkturpunkt im Zentrum der Handfläche – Herzbeutelpunkt acht. Wörtlich übersetzt: Palast der Arbeit.

Leere Hitze: Innere Hitze im Körper aufgrund eines Yin-Mangels.

Luo: Das System der verbindenden Kanäle zwischen den Hauptkanälen.

Mark: Die Substanz, die in der chinesischen Medizin das Gehirn und das Rückenmark bildet.

Materia Media: Die vollständige Beschreibung aller chinesischen Kräuter.

Meer des Marks: Die Chinesen glauben, daß das Gehirn aus Mark besteht, das dann das „Meer" genannt wird.

Meridiane: Die Pfade, auf denen sich der Qi-Fluß des Körpers konzentriert. (Siehe Kanäle)

Ming Men-Feuer: Die Gestalt der essentiellen, wärmenden Energie des Nieren-Yang. Sie gilt als lebensnotwendig für die Erhaltung der Hitze im Körper.

Moxibustion: Eine Behandlungstechnik, bei der Moxa verbrannt wird. Moxa gehört zu den chinesischen Heilkräutern und wird aus Beifuß (Artemisia vulgaris) hergestellt.

Nachgeburtliches/Nachhimmlisches Qi/Jing: Qi oder Jing, das aus Luft oder Nahrung gezogen wird.

Qi (Chi): Die Grundenergie des Universums, die das Fundament aller Aspekte des Lebens bildet. Sie durchdringt den ganzen Körper und konzentriert sich in den Kanälen.

Qigong (Chi Kung): Wörtlich übersetzt: „Kultivierung der Energie". Eine Reihe von statischen und Bewegungsübungen, die zur Förderung des Energieflußes entworfen wurden.

Qihai: Das Meer des Qi im unteren Dan Tien. Der Akupunkturpunkt Ren sechs.

Qi Xian: Sinkendes Qi. Qi sinkt ab, wenn der Mangel zu groß ist, als daß das Qi seine stützende Funktion noch ausüben könnte.

Qi Xu: Qi-Mangel.

Qi Zhi: Gestautes Qi. Qi, das träge geworden ist und das aufgehört hat, richtig zu fließen.

Quchi: Der Akupunkturpunkt Dickdarm elf. Wörtlich übersetzt: „der krumme Teich".

Ren Mai: Das Dienergefäß, einer der acht außerordentlichen Meridiane.

Samenpalast: Die Quelle der sexuellen Energie des Mannes im unteren Dan Tien.

San Jiao: Der dreifache Erwärmer, Erhitzer oder Brenner, ein Prozeßorgan innerhalb des chinesischen Zang Fu-Systems.

Schleim: Eine Disharmonie der Körperflüssigkeiten erzeugt entweder äußerlichen, also sichtbaren, oder innerlichen, also unsichtbaren Schleim.

Schröpfen: Eine Behandlungtechnik, bei der ein in einem Glas- oder Bambusgefäß erzeugter Unterdruck benutzt wird, um Qi und *Blut* an die Hautoberfläche zu ziehen.

Sechs Stufen, System der: Ein diagnostisches System der chinesischen Medizin.

Shao Yang: Die Kanäle von San Jiao und Gallenblase.

Shao Yin: Die Kanäle von Herz und Nieren.

Shen: Ein wichtiger Aspekt des Verstandes oder des Geistes in der chinesischen Medizin.

Sheng-Kreislauf: Der Zyklus der gegenseitigen Förderung und Unterstützung im chinesisch-medizinischen System der Fünf Elemente.

Suan: Sauer. Eine der Geschmackskategorien der chinesischen Kräuterkunde.

Tai Chi: Wörtlich übersetzt: das Oberste und Äußerste. Damit ist in der Regel die kriegerische Variante der Bewegungsübungen gemeint, die korrekterweise Tai Chi Chuan – oberste oder äußerste Kunst des Faustkampfs – genannt werden sollte (manchmal auch T'ai chi ch'üan geschrieben).

Tai Yang: Die Kanäle von Dünndarm und Blase.

Tai Yin: Die Kanäle von Lungen und Milz.

Tao/Taoismus: Ein philosophisches und spirituelles System der Chinesen. Tao bedeutet wörtlich „der Weg", manchmal auch „Dao" geschrieben. Siehe das Tao Te King von Laotse (Literaturhinweise).

Vier Ebenen, System der: Diagnosesystem der chinesischen Medizin.

Vorgeburtliches/Vorhimmlisches Qi/Jing: Qi oder Jing, das wir von den Eltern erben.

Wei Qi: Das Abwehr-Qi, das den Körper vor dem Eindringen äußerer krankheitserzeugender Faktoren schützt. Es fließt unmittelbar unter der Haut.

Xian: Salzig, eine der Geschmackskategorien der chinesischen Kräuterkunde.

Xin: Scharf, eine der Geschmackskategorien der chinesischen Kräuterkunde.

Xu: Mangel, eine in der chinesischen Medizin gängige Disharmonie.

Xue: Der chinesische Begriff für *Blut*.

Yang: Einer der beiden sich ergänzenden Gegensätze der chinesischen Philosophie, steht für die aktiveren, bewegenden, wärmeren Aspekte.

Yang Ming: Die Kanäle von Dickdarm und Magen.

Yin: Einer der beiden sich ergänzenden Gegensätze der chinesischen Philosophie. Steht für die passiveren, stillen, reflektiven Aspekte.

Ying Qi: Der nährende Aspekt des Qi im Körper.

Yuan Qi: Das ursprüngliche oder Quellen-Qi. Der Aspekt des Qi, den wir von unseren Eltern erben.

Zang: Die festen Yin-Organe des Körpers.

Zang Fu: Die vollständigen Yin- und Yang-Organe des Körpers.

Zang Fu Zhi Qi: Das Qi der Organe. Das Qi, das die Organe des Körpers ernährt.

Zheng Qi: Das wahre oder rechte Qi. Das Qi, das durch die Kanäle und Organe des Körpers zirkuliert.

Zong Qi: Das Sammlungs-Qi. Das Qi, das sich im Brustbereich durch die Verschmelzung von Gu Qi und Kong Qi sammelt.

ADRESSEN

Deutsche Ärztegesellschaft für Akupunktur e.v.
Raglovichstraße 14, 80637 München

Deutsche Akupunktur Gesellschaft
Goltsteinstraße 26, 40211 Düsseldorf

Forschungsgesellschaft für chinesische Medizin
Silberbachstraße 10, 79100 Freiburg im Breisgau

Internationale Gesellschaft für chinesische Medizin e.v.
Franz-Josef-Straße 38, 80801 München

Medizinische Gesellschaft für Qigong
Herwarthstraße 21, 53115 Bonn

Qi Gong Gesundheitszentrum, Meister Ji-Ming Zhang,
Fürther Straße 212, 90429 Nürnberg

TCM Klinik Kötzting
Ludwigstr. 2, 93444 Kötzting

Coby Schasfoort-Spanbroek
Den Streß genießen
Streßreduktion durch Edu-Kinesthetik
108 Seiten mit 20 S/w-Abb., kart.
ISBN 3-591-08384-8

Was wären wir ohne den Streß, mit dem wir tagtäglich konfrontiert sind? Niemand wird bestreiten wollen, daß ein gewisses Maß an Streß das Leben erst lebenswert macht, denn er stellt die Energie zur Verfügung, die uns antreibt und in Bewegung hält. Streß kann aber auch zu einem krankmachenden Faktor werden, und zwar dann, wenn wir ihn nicht auf angemessene Weise ausleben, sondern ihn stattdessen in unserem Körper festhalten.

Die in diesem Buch vorgestellten Übungen aus der Edu-Kinesthetik (Bewegungspädagogik) sprechen sowohl die linke als auch die rechte Gehirnhälfte an und sorgen auf diese Weise für ein harmonisches Zusammenwirken aller Körperfunktionen.

AURUM VERLAG · BRAUNSCHWEIG

Edition Roter Löwe

Martin Palmer

Taoismus

176 Seiten mit 11 S/w-Abb.,
kart.
ISBN 3-591-08341-0

Der Einfluß des Taoismus ist heute selbst in Teilen der Welt spürbar, in denen er noch vor fünfzig Jahren völlig unbekannt war.
Wenn wir das Tao te king gelesen haben, glauben wir zu wissen, was das Tao ist und worum es im Taoismus geht. In Wirklichkeit jedoch ist der Taoismus eine Welt, die wir erforschen müssen und die sich uns nur sehr langsam erschließt. Wie könnte es auch anders sein bei einer Glaubensrichtung, deren Wurzeln 5000 Jahre alt sind und deren heilige Literatur mehr als 4000 Bücher umfaßt? Doch die Reise, die wir angetreten haben, ist eine der faszinierendsten, die man sich vorstellen kann.

AURUM VERLAG • BRAUNSCHWEIG

Michael R. Gach

Zehn Wege zu zehnmal mehr Energie

200 Seiten mit 150 S/w-Abb., kart.
ISBN 3-591-08302-X

Dieses Buch enthält alles, was Sie brauchen, um Ihr Energie-system in kürzester Zeit zu aktivieren und so vital und gesund zu bleiben. Positives Denken, richtige Ernährung, Kör-perübungen und Atemtechniken sind die Elemente, die zu einem höchst wirksamen Selbstheilungsprogramm für Körper, Seele und Geist kombiniert werden. Die Techniken selbst sind uralt. In China werden sie bereits seit über 5000 Jahren praktiziert und haben sich zur Stabilisierung der körperlichen Kondition und zur Vorbeugung von Krankheiten bestens bewährt. Die Übungen sind so aufgebaut, daß sie auch von älteren Menschen problem-los durchgeführt werden können.

AURUM VERLAG · BRAUNSCHWEIG

Ann Holdway

Kinesiologie

Der goldene Schlüssel zur
Weisheit des Körpers
176 Seiten mit 23 S/w-Abb.,
kart.
ISBN 3-591-08381-X

K inesiologie ist ein ganzheitlicher Ansatz zur Balancierung
aller Bewegungen und Interaktionen im menschlichen
Energiesystem, der oft auf scheinbar magische Weise zu einer
unmittelbaren Steigerung des Wohlbefindens führt.
Dieses Buch erklärt, wie sich die Kinesiologie entwickelt hat,
wie sie wirkt, was von einer kinesiologischen Behandlung zu
erwarten ist, und wie Sie sich mit dieser Methode selbst helfen
können. Außerdem erfahren Sie etwas über die neuesten
Schulen und Richtungen der Kinesiologie und darüber, wohin
Sie sich wenden können, wenn Sie sich behandeln lassen wollen
oder selbst eine Ausbildung machen möchten.

AURUM VERLAG • BRAUNSCHWEIG